上市公司投资性房地产公允价值计量模式选择动因与经济后果

沈媛媛　著

中国纺织出版社有限公司

内 容 提 要

本书从机会主义理论的视角出发，探讨了当前投资性房地产企业选择公允价值计量模式的动机，并试图揭示机会主义因素对该决策的影响机制。书中以A股上市公司为研究对象，具体分析投资性房地产公允价值计量模式的选择动机，论述企业选择公允价值计量模式前的财务信息质量、盈亏情况、债务融资需求、债务融资能力、资产结构、高管激励、盈余管理倾向、股价情况对选择投资性房地产公允价值计量模式的直接影响，以及选择投资性房地产公允价值计量模式的经济后果，进而提出相关建议。

图书在版编目（CIP）数据

上市公司投资性房地产公允价值计量模式选择动因与经济后果 / 沈媛媛著 . -- 北京：中国纺织出版社有限公司，2024. 8. -- ISBN 978-7-5229-2032-0

Ⅰ . F293.33；F230.9

中国国家版本馆CIP数据核字第2024C87K48号

责任编辑：史 岩　　责任校对：高 涵　　责任印制：储志伟

中国纺织出版社有限公司出版发行
地址：北京市朝阳区百子湾东里A407号楼　邮政编码：100124
销售电话：010—67004422　传真：010—87155801
http://www.c-textilep.com
中国纺织出版社天猫旗舰店
官方微博 http://weibo.com/2119887771
天津千鹤文化传播有限公司印刷　各地新华书店经销
2024年8月第1版第1次印刷
开本：710×1000　1/16　印张：7.75
字数：138千字　定价：99.90元

凡购本书，如有缺页、倒页、脱页，由本社图书营销中心调换

前　言

　　本书从机会主义理论的视角出发，探讨了当前投资性房地产企业选择采用公允价值计量模式的动机，并试图揭示机会主义因素对该决策的影响机制。基于投资性房地产不断增加的背景，作者调查了投资性房地产公允价值计量模式可靠性和价值相关性情况，指出当前投资性房地产公允价值计量模式的可靠性和价值相关性较低，主观因素和企业发展内部因素引起投资性房地产计量模式的变化，进而选择公允价值计量模式。部分企业出于灵活管理和美化账面价值等需求，使用公允价值计量模式取代传统的成本计量模式，由此提出了选择投资性房地产公允价值计量模式的影响因素假设。本书以 A 股上市公司为研究对象，分析投资性房地产公允价值计量模式的选择动机，论述企业选择公允价值计量模式前的财务信息质量、盈亏情况、债务融资需求、债务融资能力、资产结构、高管激励、盈余管理倾向、股价情况对选择投资性房地产公允价值计量模式的直接影响，以及选择投资性房地产公允价值计量模式的经济后果，进而提出相关建议。

　　以往的研究发现，投资性房地产公允价值计量模式的选择动机包括内部动机和外部动机，但是少有实证研究探究投资性房地产公允价值计量模式的内部选择动机。本书立足于当前国内公允价值计量准则的演变，以及投资性房地产公允价值计量模式的使用现状，基于问题导向的层面撰写本书，使用定向随机抽样的方式，分析企业财务负责人以及专业人士对投资性房地产公允价值计量模式的价值相关性和可靠性的态度和评价。进一步使用二元逻辑回归法分析选择投资性房地产公允价值计量模式的机会主义动机，并通过线性回归分析法检验投资性房地产公允价值计量水平对企业业绩、债务融资、资产结构、高管激励、盈余管理、企业价值的具体作用，先后得到：①投资性房地产公允价值计量模式的价值相关性不明显和可靠性不高，基于投资性房地产公允价值计量模式的价值评估存在主观性。②选择投资性房地产公允价值计量模式的机会主义动机显著，其中企业采用投资性房地产公允价值计量模式前的财务信息质量、盈亏情况、债务融资需求、债务融资能力、资产结构、高管激励、股价的回归系数均显著。③投资性房地产公允价值计量水平对企业业绩、债务融资、资产结构、高管激励、盈余管理、企业价值的作用均显著，即投资性房地产公允价值计量模式的经济后果显著。最后，从企业和国家两个层面提出了谨慎采用公允价值计量模式以及加强对公允价值计量模式的规范和监督等方面的建议。

本书立足我国投资性房地产不断发展的现状，量化分析了投资性房地产公允价值的价值相关性和可靠性，丰富了投资性房地产公允价值计量的价值相关性和可靠性的研究内容；通过实证分析的方式探讨了选择投资性房地产公允价值计量的机会主义动机和机会主义层面的经济后果，进一步丰富了机会主义动机与投资性房地产公允价值计量关系方面的研究。本书对投资性房地产计量模式的选择具有重要意义。

沈媛媛

2024 年 5 月

目 录

1 绪 论 ··· 1
  1.1 研究背景与意义 ··· 1
    1.1.1 研究背景 ·· 1
    1.1.2 研究目的 ·· 3
    1.1.3 研究意义 ·· 3
  1.2 研究内容与方法 ··· 4
    1.2.1 研究内容 ·· 4
    1.2.2 研究方法 ·· 5
  1.3 研究的创新点 ·· 6

2 文献综述 ·· 7
  2.1 投资性房地产的相关研究 ·· 7
    2.1.1 投资性房地产的定义及特征 ······························ 7
    2.1.2 投资性房地产的范围 ······································· 8
  2.2 投资性房地产的计量与估值模式 ································· 8
    2.2.1 成本计量模式 ··· 8
    2.2.2 公允价值计量模式 ·· 9
    2.2.3 估值模型 ·· 9
  2.3 公允价值计量模式的相关研究 ··································· 11
    2.3.1 公允价值定义、基本特征 ································ 11
    2.3.2 公允价值的优越性 ··· 12
    2.3.3 国内公允价值计量模式的相关研究 ··················· 13
    2.3.4 国外公允价值计量模式的相关研究 ··················· 15
  2.4 公允价值计量模式的选择动机研究 ····························· 17

2.5 文献述评 19

3 理论基础 21

3.1 公允价值的价值相关性与可靠性 21
3.1.1 价值相关性 21
3.1.2 价值可靠性 22

3.2 会计选择动机理论 24
3.2.1 契约动机与公允价值计量 24
3.2.2 管理机会主义假说与公允价值计量 25
3.2.3 信息不对称与公允价值计量 26

3.3 经济后果理论 27
3.4 本章小结 27

4 公允价值相关准则的演变及其在房地产市场的应用 29

4.1 国内公允价值准则的演变 29
4.1.1 我国公允价值变动解析 29
4.1.2 准则变动的影响 31
4.1.3 准则变动对投资性房地产计量模式的影响 32

4.2 公允价值计量模式在投资性房地产中的应用 33
4.2.1 房地产市场的大环境 33
4.2.2 总体应用现状 33
4.2.3 披露情况分析 35
4.2.4 投资性房地产不符合准则的情况 37

4.3 本章小结 38

5 投资性房地产公允价值的价值相关性和可靠性调查分析 39

5.1 问卷设计 39
5.1.1 前期访谈 39
5.1.2 正式问卷设计 39

5.2 问卷发放和回收情况 41
5.3 问卷的信度和效度检验 41
5.3.1 问卷的信度检验 41

         5.3.2 问卷的效度检验 ································ 42
　　5.4 样本信息 ·· 43
　　5.5 调查结果分析 ···································· 44
         5.5.1 投资性房地产公允价值的价值相关性调查结果 ···· 44
         5.5.2 投资性房地产公允价值的可靠性调查结果 ········ 46
         5.5.3 影响投资性房地产公允价值价值相关性和可靠性的因素
               调查分析 ·································· 48
　　5.6 支持企业采用投资性房地产公允价值计量模式的影响因素 ·· 50
　　5.7 投资性房地产公允价值价值相关性与可靠性的拓展性分析 ·· 50
　　5.8 本章小结 ·· 52

6 投资性房地产公允价值计量模式选择动机的实证分析 ······ 53
　　6.1 研究假设 ·· 53
         6.1.1 投资性房地产公允价值计量模式与财务信息质量 ·· 53
         6.1.2 投资性房地产公允价值计量模式与公司业绩盈亏 ·· 54
         6.1.3 投资性房地产公允价值计量模式与公司债务融资 ·· 55
         6.1.4 投资性房地产公允价值计量模式与企业的成长性 ·· 56
         6.1.5 投资性房地产公允价值计量模式与高层管理者
               的绩效激励 ································ 56
         6.1.6 投资性房地产公允价值计量模式与公司股票 ······ 57
　　6.2 变量与研究模型 ·································· 58
         6.2.1 确定变量 ································ 58
         6.2.2 研究模型 ································ 59
　　6.3 样本选择与数据来源 ······························ 60
　　6.4 描述性统计分析 ·································· 60
         6.4.1 描述性统计 ······························ 60
         6.4.2 两种计量模式的差异性对比 ················ 61
　　6.5 相关性分析 ······································ 62
　　6.6 二元逻辑回归分析及实证结果 ······················ 62
         6.6.1 二元逻辑回归模型 ························ 62
         6.6.2 实证结果 ································ 64
         6.6.3 倾向得分匹配分析 ························ 64

6.7 进一步分析 ·· 69
    6.7.1 财务信息质量方面 ··· 70
    6.7.2 融资方面 ·· 70
    6.7.3 盈利方面 ·· 71
    6.7.4 资本方面 ·· 73
    6.7.5 股票方面 ·· 74
    6.7.6 高管薪酬激励方面 ··· 75
6.8 本章小结 ·· 75

7 投资性房地产公允价值计量模式经济后果的实证分析 ······ 77
7.1 理论分析与研究假设 ·· 77
    7.1.1 理论分析 ·· 77
    7.1.2 研究假设 ·· 78
7.2 确定变量 ·· 80
    7.2.1 自变量测量 ··· 80
    7.2.2 因变量测量 ··· 81
7.3 数据来源 ·· 82
7.4 实证分析 ·· 82
    7.4.1 公允价值计量水平对业绩的影响 ···························· 82
    7.4.2 公允价值计量水平对企业债务融资方面的影响 ··· 83
    7.4.3 公允价值计量水平对企业资产方面的影响 ··········· 84
    7.4.4 公允价值计量水平对企业高管激励、盈余行为的影响 ··· 85
    7.4.5 公允价值计量水平对企业价值的影响 ···················· 85
7.5 稳健性检验 ·· 86
7.6 本章小结 ·· 87

8 研究建议 ·· 89
8.1 对企业自身的建议 ·· 89
    8.1.1 谨慎使用投资性房地产公允价值计量模式 ··········· 89
    8.1.2 加强对公允价值计量模式应用条件的评估 ··········· 90
    8.1.3 提高对公允价值计量模式的认知，规范运用行为 ··· 91
    8.1.4 提高相关人员的会计素养，减少机会主义行为 ··· 92

8.2 基于企业外部的建议 ………………………………………… 93
    8.2.1 加强对企业投资性房地产公允价值计量模式的监督 …… 93
    8.2.2 加强对企业投资性房地产公允价值计量模式的评估 …… 94
    8.2.3 规范企业投资性房地产公允价值的披露 ………………… 95
8.3 本章小结 ………………………………………………………… 96

9 结论与展望 …………………………………………………………… 97
9.1 结　论 …………………………………………………………… 97
9.2 展　望 …………………………………………………………… 99

参考文献 ………………………………………………………………… 101

附　录 …………………………………………………………………… 109
附录一　访谈提纲 …………………………………………………… 109
附录二　调查问卷 …………………………………………………… 110

1 绪 论

1.1 研究背景与意义

1.1.1 研究背景

随着全球经济持续繁荣，市场对成本计量方式提出了更严格、更高效的需求，这催促我们必须对传统的历史成本计量方法做出调整和改进。由于市场竞争日益激烈，企业需要更准确、更实时地了解其成本情况，以便更好地应对变化。因此，我们不得不审视过去的计量方式，以确保它们仍然适用于当前的商业环境。这涉及使用更先进的技术和方法来收集和分析成本数据，以及重新评估成本的确定方式。在不断变化的环境中，适应新的成本计量方式已成为企业保持竞争优势的关键。自20世纪90年代起，随着衍生金融工具的大量涌现，学者们认为公允价值计量模型更符合现代会计信息质量的要求。同时，这也在国际上引起了广泛关注，应用于各个行业，包括能够获得公允交易价值的投资性房地产。

自2006年开始，随着市场需求对房地产行业投资价值的影响，我国相关政府部门着手校订和编制新的会计准则，其中特别关注从事或涉及投资性房地产的公司，并对其设定了更严格的标准。在新的会计准则中，资产负债表的度量选择了成本模型。在考虑是否采用公允价值模式时，企业的核心关注点是投资性房地产在未来是否能够持续稳定地实现公允价值。这一考虑因素不仅关乎企业的财务表现，也与市场对房地产投资的长期预期密切相关。然而，从实际操作角度看，取得投资性房地产的公允价值必须满足特定条件：房地产交易市场与投资性房地产之间的空间距离应该相对较近。这种地理位置的交易优势不仅使企业能够快速获取与房价相关的信息和交易价格，而且为准确评估房产的公允价值提供了重要的基础支持。准确性与时效性相融合，这一优势为房地产交易提供了可靠的基础保障。新的会计标准对投资性房地产价值的计算进行了调整和修正，这一举措不仅促进了我国会计标准的标准化和国际化进程，同时也为企业在不断变化的市场环境中进行投资性房地产价值的计量提供了更加可靠的指导。

在当今社会经济迅猛发展趋势下，公允价值模型对于投资性房地产的评估显得尤为重要。这一模型不仅是一种计量方式，更是对房地产市场需求日益完善的积极回应。随着市场的日益细化和复杂化，人们对于房地产价值的评估也变得更加精准和深入。这种精准度对于房地产行业的健康发展和持续增长起到了至关重要的作用。通过公允价值模型的运用，投资性房地产的价值得以更客观、更准确地体现出来，这进一步提高了企业提供的财务信息的准确性和质量，为投资者提供了更可靠的参考依据。这种改进不仅有助于我国更好地遵循国际准则，还有助于增强我国的国际竞争力，为我国经济的可持续发展注入强大的动力。

随着经济的发展和市场的繁荣，企业所持有的房地产已经成为一项具有巨大增值潜力的重要资产，这种潜力不仅吸引了大量资本的涌入，还使得一些房地产成为某些上市公司业务的核心。与此同时，投资性房地产已经逐渐演变为一种可通过公允价值衡量的非金融资产，这一转变为企业提供了更多的、更准确的财务信息。公允价值计量在衡量资产价值时具有无法匹敌的优势，使得企业能够更加准确地评估自身资产的价值，并做出相应的决策。尽管公允价值计量具有诸多优势，但在投资性房地产标准实施近十年间，中国上市公司很少采用公允价值计量来评估其投资性房地产业务，这其中约有4%的上市公司在自有投资资本房地产领域成功实施了公允价值计量。出现这种情况，既是因为我国会计准则规定一旦采用公允价值模式就无法回归成本模式，也是受到我国市场机制目前仍处于构建阶段且尚不完善的影响，这些因素对公允价值的准确获取造成了一定障碍。同时，公允价值的波动也对企业产生了巨大影响，使得企业在决策时更加谨慎，采取等待观察的态度。然而，仍然有一些即将面临退市或濒临破产的企业选择在投资性房地产上采用公允价值模型，主要是因为公允价值的波动能够对这些企业的利润产生较大影响。这些企业希望通过采用公允价值模型，更好地应对市场的波动，以及实现利润的最大化。

对于持有投资性房地产的公司和相关的投资者来说，深入研究选择公允价值模式的动因以及实施后可能带来的经济影响具有一定的现实意义。此外，这对于外部的监管机构来说也是至关重要的。从企业的视角探讨其变更的原因，有助于更有针对性地规划监管策略，进而推动其发展。优化公允价值的监管环境，可以进一步凸显其在实际应用中的优势。在当前的时代背景下，我们需要各方共同努力，以推动公允价值计量模式的广泛应用和推广。然而，尽管这一模式被认为具有潜在优势，但在实际应用中仍存在一些问题和挑战。因此，对于投资性房地产的公允价值模型的实际应用研究具有重要意义，可以帮助我们更好地了解其在实践中的效果和潜在问题，为相关领域的进一步发展提供有益的参考和指导。

1.1.2 研究目的

本书以研究我国市场上投资性公允价值计量模式的价值相关性和可靠性为切入点，采用实证研究方法，通过行为间接推断事前动机，深入探讨房地产企业选择公允价值计量模式的动机。同时，分析该模式在企业财务、融资、业绩、股价以及管理层盈余管理行为等方面的经济后果，并结合案例进行深入研究。最后，根据研究成果提出关于投资性房地产公允价值计量模式选择和应用的建议，旨在帮助企业更有效地管理风险、降低评估成本，同时提高财务信息可信度，为投资者提供更准确的决策依据。

1.1.3 研究意义

本书进行投资性房地产的公允价值计量模式研究，总结和反思非活跃条件下公允价值的运用问题，完善了公允价值的基本理论，提升了公允价值的实务操作水平，更好地支持准则制定者和会计信息使用者的行为决策，具有重要的理论意义和现实意义。

1.1.3.1 理论意义

本书对投资性房地产的公允价值计量模式进行了深入研究，总结和反思了非活跃条件下公允价值运用的问题。在此过程中，不仅完善了公允价值的基本理论，还提升了其实务操作水平，从而更好地支持准则制定者和会计信息使用者的行为决策。这些研究成果不仅具有重要的理论意义，更具有现实意义，有助于提高投资性房地产公允价值计量的准确性和可靠性，促进相关领域的发展与应用。

1.1.3.2 实际意义

在充满活力的房地产市场中，公允价值计量已经提高了财务报表信息的相关性。随着国际贸易合作的不断深化，公允价值计量能够更好地满足经济发展的需要。然而，当前在投资性房地产领域，公允价值的应用效果并不尽如人意，存在一定的挑战和障碍。因此，有必要对房地产企业选择公允价值计量模式的动机及其带来的经济后果进行深入研究和探讨。在这一背景下，本书提出相应的公允价值计量模式选择和应用建议，有助于企业更全面地理解和认识公允价值模式的价值和作用，推动公允价值模式的实施和应用，提高房地产行业的整体运营效率和财务透明度。

1.2 研究内容与方法

1.2.1 研究内容

本书共分为九章。

第一章为绪论。本章重点介绍了研究背景与意义，探讨了研究内容与方法，并总结了本书研究的创新之处。

第二章为文献综述。本章主要界定投资性房地产、公允价值计量的概念、特征以及具体的估值模型，同时基于国内外已有的研究成果，梳理投资性房地产公允价值计量模式的应用和选择动因、经济后果，并进行文献述评。

第三章奠定本书研究的相关理论基础，具体包括价值相关性、价值可靠性、会计选择动机理论、契约动机与公允价值计量、管理机会主义假说与公允价值计量、信息不对称与公允价值计量、经济后果理论。

第四章为公允价值相关准则的演变及其在房地产市场的应用。本章阐述了我国公允价值计量模式的制度基础以及准则的演变。随后，我国对投资性房地产的公允价值计量模式相关准则进行了修改，产生了重大影响。最后基于房地产市场的整体情况，分析公允价值准则在投资性房地产中的具体应用，主要包括应用公允价值模式的具体企业数量以及整体信息披露情况和不符合准则的情况，为后文的实证研究奠定现实基础。

第五章为投资性房地产公允价值的价值相关性和可靠性调查分析。基于当前较少企业应用投资性房地产公允价值计量模式这一现状，本文通过调查问卷和定量分析的形式，进一步检验当前投资性房地产公允价值可靠性以及价值相关性，为后文的投资性房地产公允价值计量模式的应用奠定问题分析基础。

第六章为实证分析。结合先前介绍的理论框架和实际情况，考察公允价值计量模式在投资性房地产领域的实际运用情况，提出多个研究假设，并确定相应变量的测量指标，确定二元逻辑回归模型，通过描述性统计分析、相关性分析和二元逻辑回归分析检验假设，而后结合已经采用投资性房地产公允价值计量模式企业同年的财务信息质量、业绩盈亏情况、资本结构、高管薪酬激励以及股票价格方面的经济情况，逆向支持投资性房地产公允价值计量选择的动机假设。

第七章聚焦于投资性房地产公允价值计量模式经济后果的实证分析。本章对使用投资性房地产公允价值计量模式的企业进行了后续公允价值计量水平的分析，以验证其是否符合机会主义管理行为。同时，探讨了投资性房地产公允价值计量水平对企业财务信息质量、业绩盈亏、债务融资需求、债务融资能力、高管激励以及股价等方面的具体影响，旨在验证该计量模式的经济后果。

第八章从企业内部和外部监管机构的角度就投资性房地产的公允价值计量模式应用提出了一系列建议。从企业内部来看，建议包括改善数据收集和处理流程，加强内部控制机制，以及培训员工提升公允价值计量水平。从外部监督和管理的角度来看，建议加大监管力度，制定更严格的准则和规定，以确保公允价值计量的准确性和透明度。

第九章为结论与展望。本章归纳了主要的研究结论，结合我国的实际情况，提出了解决相关问题的对策和建议，总结了本书的有益探索，并对投资性房地产公允价值计量模式的未来应用和研究进行了展望。

1.2.2 研究方法

本书采用规范研究与实证研究相结合，理论分析为基础、实证检验为核心的研究方法实现研究目标。

1.2.2.1 文献资料法

本书通过广泛调查相关文献并深入研究，概括了各种观点和研究成果，为本研究提供了科学的理论支持和基础。

1.2.2.2 对比分析法

在研究投资性房地产企业选择公允价值计量模式的动机时，为了更好地比较目前存在的两种计量模式（公允价值计量模式和成本计量模式），本书选择了投资性房地产企业作为研究样本。这包括使用公允价值计量模式和使用成本计量模式的企业。通过对这两种计量模式的准则规定、特性以及各自的优势进行细致比较，重点探讨了公允价值计量模式的优势所在，旨在为企业在会计计量方法选择方面提供更明晰的指导和建议。这样的研究方法有助于揭示公允价值计量模式在投资性房地产企业中的应用现状和未来发展方向。

1.2.2.3 问卷调查法

本书对投资性房地产公允价值激励模式的可靠性和价值相关性进行了综合的分析和调查，设计问卷并发放、回收进行数据方面的总结和整理，以使数据的可靠性和准确性进一步得到保障。

1.2.2.4 实证研究法

本书研究对象包括投资性房地产企业，其中一部分采用公允价值计量模式，另一部分采用成本计量模式。通过构建公允价值计量模式的选择动机模型和经济后果模型，检验模型能否准确预测投资性房地产企业公允价值计量模式选择动机,以及所造成的经济后果。具体使用二元逻辑回归模型来衡量投资性房地产企业公允价值计量模式选择动机。

1.2.2.5 定量分析法

本书以文献综述为基础,结合规范分析方法和实证研究方法,探讨公允价值计量属性与企业价值之间的关系。在评估企业价值时,主要采用奥尔森模型的衍生版本,即价格模型和收益模型。通过应用已有的估值模型,确定企业是否采用公允价值计量模式。该方法不仅能够提供更全面的视角,还能够确保研究结果更加准确和可靠。

1.2.2.6 数理统计法

对于对比分析和案例分析所得数据,用 EXCEL 和 SPSS 等软件进行处理,包括求和、求平均值以及差异性检验等操作,以数据支撑本书的结论。

1.2.2.7 逻辑分析法

综合以上分析结果,运用归纳、判断、推理、总结等逻辑分析方法,对幼儿园员工忠诚度的情况、经济后果进行分析,得出相应结论。

1.3 研究的创新点

本研究采用实证分析方法探讨投资性房地产企业选择公允价值计量模式的动机,获得更加全面和深入的研究结果。

构建选择动机模型并对模型进行实证检验。首先,对上市公司在投资性房地产公允价值计量方面的应用情况进行了描述性统计分析,以全面了解实践现状。其次,通过实证分析,深入探讨了企业选择投资性房地产公允价值计量模式的内在动机和外部动机。通过这一研究框架的构建和方法的运用,力求揭示企业在采用公允价值计量模式时的决策逻辑和背后的驱动因素。在此基础上,详细阐述了这些动机对模式选择的影响。最后,从财务、融资、股价、贷款额以及债务融资成本等多个角度,对投资性房地产采用公允价值计量模式的经济后果进行了深入剖析和探讨。

2 文献综述

本书通过对国内外相关研究进行综述,现将有关研究文献分为投资性房地产的相关研究、投资性房地产的计量与估值模式、公允价值计量模式的相关研究、公允价值计量模式的选择动机研究。在国外与国内两个部分的基础上,本章对这四个方面的文献分别进行回顾与评述,找出现有研究领域中的不足,为后面的研究奠定文献基础,寻找突破以期改进。在会计领域已有的文献及文章中,很多学术文献都对这些方面进行过理论推导,并在实证分析中收获了相应的证据发现。尽管本书尽可能地对相关文献进行了综述,但并未包括该研究领域的每一个文献。

2.1 投资性房地产的相关研究

2.1.1 投资性房地产的定义及特征

房地产是土地、房屋和权属的统称。我国的相关制度与其他国家不同,规定土地归国家或集体所有。所以,企业或政府交易的只能是土地使用权。根据我国有关制度,CAS3 中的土地指的是土地使用权。房屋所指是房屋等建筑物及构建物。房地产最开始是自用,一般都是自己建造或租赁后供自己使用。随着经济的发展和社会的进步,房地产的总持有量不断递增。慢慢地,打造出的房地产因数量过多而呈现供过于求的情况。随着时代的发展,房地产的用途正在经历多元化转变。房地产不再局限于企业的生产经营,也不再仅仅用于企业内部管理或销售。越来越多的企业意识到房地产的投资价值,使得投资性房地产的相关企业日益增多,投资性房地产应运而生。

投资性房地产与普通房地产在多个方面存在显著区别。首先,投资性房地产的购买与持有属于经营性活动,与普通房地产的用途截然不同。其次,持有投资性房地产的主要目的是获得租金收益或实现资产增值,而不是将其自用或出售。因此,企业在财务管理方面需要将投资性房地产单独列为一项资产,并进行独立

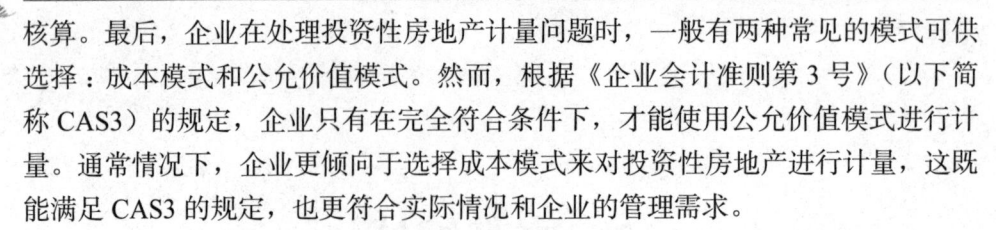

核算。最后，企业在处理投资性房地产计量问题时，一般有两种常见的模式可供选择：成本模式和公允价值模式。然而，根据《企业会计准则第 3 号》（以下简称 CAS3）的规定，企业只有在完全符合条件下，才能使用公允价值模式进行计量。通常情况下，企业更倾向于选择成本模式来对投资性房地产进行计量，这既能满足 CAS3 的规定，也更符合实际情况和企业的管理需求。

2.1.2 投资性房地产的范围

不同企业持有的投资性房地产虽然性质、目的不同，但 CAS3 中将该资产的范围做了分类汇总，将其分为以下 3 类。

2.1.2.1 已出租土地使用权

企业取得的或出租的土地使用权，可视为投资性房地产。但转租的土地使用权除外。

2.1.2.2 准备增值后转让的土地使用权

企业取得或计划增值后转让的土地使用权符合投资性房地产的定义，因为其目的是获得未来的租金收益或实现资产增值。然而，闲置土地并不属于投资性房地产范畴，因为其未用于投资或资产增值的目的。

2.1.2.3 已出租建筑物

企业拥有并出租的建筑物，包括已建和在建的未来出租建筑，均属投资性房地产。

根据 CAS3 的规定，被排除在投资性房地产范畴之外的资产项目主要包括自用的房地产和被视为存货的房地产。

2.2 投资性房地产的计量与估值模式

2.2.1 成本计量模式

成本计量模式是一种通用且被广泛采用的模式，其核心在于根据投资性房地产的历史成本，综合考虑使用年限、净残值等因素，以特定的时间周期（例如，按月）进行折旧和摊销的计算。此外，该模式还要求在期末进行减值测试，并据此计提减值准备。这一做法与传统的固定资产处置方法颇为相似。

在成本计量模式下，投资性房地产的入账价值以其购置成本为准，并在后续计量中保持其成本不变。这种做法有助于确保资产价值不会因为公允价值模式下的波动而出现虚增或虚减，从而增强了会计信息的客观性和可验证性。这种特性有效地防止了企业可能实施的财务欺诈行为，并很好地限制了对利润的随意调节。

相对于公允价值计量模式，成本模式的优势在于简单易懂，会计人员更容易掌握和应用。然而，成本模式的一个明显不足是无法及时跟踪市场变化，这导致其难以准确反映投资性房地产的实际价值，也难以及时、客观地更新资产价值，从而影响企业对资产价值的准确评估，并妨碍向外部利益相关者提供更有效的信息。

2.2.2 公允价值计量模式

公允价值计量模式在投资性房地产领域具有独特的特点。由于投资性房地产的公允价值受到市场环境的波动影响，企业需要在每个资产负债表日进行评估。这一评估结果将用于调整资产的账面价值，而公允价值与之前价值的差异将直接反映在当期损益中，无须再进行折旧或摊销。值得注意的是，公允价值计量的应用必须同时满足两个条件：①资产所在地存在活跃的交易市场；②企业能够基于交易市场信息合理估计资产的公允价值。房地产市场价格的不断变化对企业的财务状况产生直接影响，特别是在采用公允价值模式进行计量时。这一变化将直接反映在企业的财务报表上，进而影响企业的利润水平。换言之，随着房地产市场价格的波动，企业的利润也会产生波动。这种现象需要引起企业的高度重视，因为它会对企业的财务稳健性和经营决策产生重要影响。

2.2.3 估值模型

贴现现金流估值模型是在实践中得到广泛应用的评估工具，其基础假设是未来的现金流能够持续且可预测。该模型通过预设现金流，并利用企业的资本成本进行贴现，从而求得企业的价值。然而，该模型具有四个方面的局限性：首先，预设的现金流与实际现金流存在差异；其次，资本成本的估计会受到多种因素的影响；再次，构建未来现金流模型会面临实际操作困难；最后，该模型主要关注股利因素，忽略了会计报表数据的来源。

就相对估值模型而言，它是一种通过比较不同资产之间的比例来进行估值的方法。该方法的基本假设是市场上存在大量具有可比性的资产，并且这些资产的定价是准确的，即市场是有效的。

除了以上提到的方法外，期权定价模型通常用于对具有期权特性的资产进行估值。然而，该模型更多地被认为适用于理论研究，对使用者的要求更高。因此，奥尔森提出了一种更合理的方法，即仅基于未来股利折现的会计估值模型。

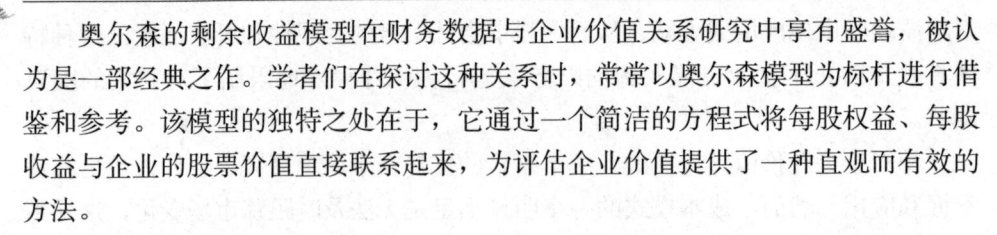

奥尔森的剩余收益模型在财务数据与企业价值关系研究中享有盛誉，被认为是一部经典之作。学者们在探讨这种关系时，常常以奥尔森模型为标杆进行借鉴和参考。该模型的独特之处在于，它通过一个简洁的方程式将每股权益、每股收益与企业的股票价值直接联系起来，为评估企业价值提供了一种直观而有效的方法。

$$P_t = B_t + a_1 X_t + a_2 V_t$$

分析结果如下：

在奥尔森剩余收益模型中，P_t表示第t期公司的股票价格，B_t代表第t期权益的账面价值，X_t表示第t期的剩余收益，V_t则表示未来可能产生的超额收益。这些变量一起构成了对公司价值评估至关重要的参数。奥尔森剩余收益模型为研究会计报告与企业价值之间的关系提供了全新的标准。与传统的股利折现和现金流折现模型相比，奥尔森剩余收益模型综合考虑了公司的剩余收益、资产价值和股票价格，因此更有效地解释和预测股价，更充分地利用财务报表中的会计信息。此外，该模型还结合了未来期间的每股收益和每股净资产，充分利用了现有的信息资源。最后，通过使用更可靠的信息，该模型提高了本身的可信度，并拓展了其适用范围。

在中国，路晓燕老师的《公允价值会计——基本理论分析与我国的初步实证证据》一书对奥尔森模型的应用研究具有代表性。路老师选择了2006年的以公允价值计量的金融资产数据作为研究基础。她的实证检验旨在探究金融资产的公允价值是否能够更好地解释股票价格的波动。为了达成这一目标，路老师采用了基于奥尔森剩余收益模型的价格模型进行分析，其数学表达式为：

$$P_i = a_0 + a_1 EPS_i + a_2 FVPS_i + a_3 BVPS_i + \varepsilon_i$$

在上式中，可以看到各个变量的具体含义：P_i表示年度报告披露日第i支股票的收盘价，EPS_i表示2006年年度报告中第i支股票的每股收益，$BVPS_i$表示2006年年度报告中第i支股票的每股净资产，$FVPS_i$则代表每股公允价值变动额，即金融资产的公允价值除以总股本。这些变量的集合构成了一个复杂的方程模型，用以分析和量化公司财务状况以及股票价值的波动情况。

经过深入而严谨的实证研究，我们得出结论：金融资产的公允价值并不显著地影响股票价格的变动。我们推测这一现象是由于研究条件的限制，使得公允价值计量的适用范围受到一定限制。尽管如此，我们收集的数据仍然是有效的，可为相关研究提供有价值的参考。因此，在进一步的研究中，我们需要更加全面地考虑各种影响因素，以提高金融资产公允价值对股票价格变动的解释能力。

2.3 公允价值计量模式的相关研究

2.3.1 公允价值定义、基本特征

公允价值这个概念自被提出以来一直广受学者的关注。公允价值的概念也并不是一成不变的，而是一个动态的概念。"公允"一词最早出现在完成工业革命的英国。"Fair Value"定义了公平、公正以及真实的含义。

公允价值在不同国家（组织）的会计制度中有不同的定义。有些定义影响较为深远，有些则只存在于自己的准则框架内。美国财务会计准则委员会（以下简称FASB）和国际会计准则理事会（以下简称IASB）提出的定义被广泛接受。究其原因，不外乎美国是世界第一大经济体，其提出的看法自然备受关注。而IASB在世界范围内有极高的被认可度。表2-1阐述了FASB、IASB及我国关于公允价值的定义。

表 2-1 不同准则下公允价值的定义

国家	公允价值定义
国际会计准则理事会（IASB）	市场参与者之间在计量日进行的有序交易中出售一项资产所收到的价格或转移一项负债所支付的价格
中国	市场参与者在计量日发生的有序交易中，出售一项资产所能收到或者转移一项负债所需支付的价格
美国财务会计准则委员会（FASB）	交易主体在交易日或资产转换日对交易客体交易时所收到或付出的价格

在经历了2008年美国金融危机导致的全球性经济危机后，上述三个国家（组织）都对公允价值的定义或使用范围进行了调整。《国际财务报告准则第13号——公允价值计量》（以下简称IFRS 13）是IASB于2011年5月12日发布的，并于2013年1月1日开始执行。IFRS 13将于2006年11月30日提出的"在公平交易中，熟悉情况的交易双方自愿进行资产交换或负债清偿的金额"的定义进行了修改。2014年1月，我国发布了《企业会计准则第39号——公允价值计量》（以下简称CAS39），对我国2006年制定的关于"在公平交易中，双方熟悉情况，自愿进行资产交换或债务清偿的金额"的定义进行了修改。在金融危机过后，FASB并未对公允价值的定义进行修改，但却对其适用范围进行了调整：决定停止在租赁业务中采用公允价值，并且在负债披露过程中暂时停止使用公允价值。这一调整是为了更好地应对金融危机带来的挑战，保护市场稳定性和投资者利益，同时平衡财务报告的准确性和可靠性。

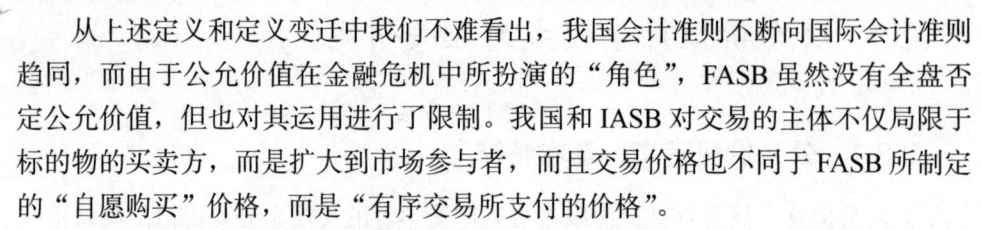

从上述定义和定义变迁中我们不难看出，我国会计准则不断向国际会计准则趋同，而由于公允价值在金融危机中所扮演的"角色"，FASB虽然没有全盘否定公允价值，但也对其运用进行了限制。我国和IASB对交易的主体不仅局限于标的物的买卖方，而是扩大到市场参与者，而且交易价格也不同于FASB所制定的"自愿购买"价格，而是"有序交易所支付的价格"。

公允价值的核心特性主要体现在以下三个方面。

第一，公允价值具有一定的虚拟性，它所代表的是一种设想的价格，需要评估者设想一种情境，即在一个特定市场上，由相关的市场参与者进行买卖交易。在这种设想的情境中，被评估资产或负债的转让价格就是其公允价值。要使这一场景成立，必须满足两个条件：存在市场参与者和有序交易。若在实际测量日无法观测主要市场或最有利市场的存在，评估者须构想这样的市场。

第二，公允价值具有广泛的适用性。它的应用范围不仅涵盖资产，还包括负债，展现其全面性质。随着各种经济活动如并购、外商投资、股票发行、非货币性资产交换和清算等的增加，对于会计信息的需求已经不仅停留在反映资产的账面价值上。此时，随着经济活动的不断发展，公允价值作为一种计量模式的应用范围日益扩大，其在相关资产和负债评估中的重要性逐渐凸显。这种计量模式具有独特的优势，能够有效弥补传统计量方法的不足，并且被广泛采纳，以期提高会计信息的相关性和可比性。

第三，公允价值具有时效性。公允价值模式与传统的成本模式有所不同，它更注重当前情况并考虑未来变化。通过提供及时、相关的财务信息，公允价值模式为决策提供了有力支持，避免了因时间延迟而导致财务信息失真的问题。这三个国家（组织）的强调显示了对公允价值计量日脱手价格的重视，这进一步证明了公允价值以当前交易为基础，并具有时效性的特点。这意味着在确定资产或负债的公允价值时，市场上最新的交易价格将被优先考虑，以反映当前市场情况，从而保证了会计信息的准确性和可靠性。

2.3.2 公允价值的优越性

从"所呈现会计信息的质量"这个角度看，相比公允价值与传统计量模式，公允价值具有相对优越性。这种趋势的形成源于公允价值的广泛性和及时性等特征。传统的会计理论和实践更加注重会计信息的可靠性，因此，大多数人倾向于选择较为可靠的计量模式，如历史成本法。以往相关性这一质量特征并未受到大家重视，是因为我国资本市场不成熟。随着资本市场的不断成熟与完善，相关性在计量中的重要性日益凸显。特别是在确定公允价值时，必须充分考虑其相关性。相较于传统计量模式，公允价值具有以下显著优势。

首先，公允价值计量提供的信息更具决策相关性。随着经济的不断发展和时代的变迁，人们对会计信息的重要性和意义的认识也在不断变化。过去，人们更注重会计信息的可靠性，因此更倾向于选择能够确保可靠性的成本模式。然而，公允价值的计量方式与传统的历史成本计量方式之间存在根本差异。公允价值模式将重点放在了有效市场和交易的公平性上，这使其能够更及时地反映经济发展趋势，并更客观地呈现资产在当前经济环境下的真实价值。因此，相对于其他计量模式而言，公允价值模式具备更高的相关性，更符合当前人们对会计信息相关性的关注。特别是在我国房地产市场迅速发展的背景下，投资性房地产的账面净值往往呈现低估，而市场价值通常明显高于其账面价值。这就凸显了采用公允价值模式进行计量的重要性，因为它能够更准确地反映资产的实际价值，为决策提供更可靠的依据。采用历史成本模式进行后续计量虽然数据可靠，但相关性较低，无法全面反映投资性房地产的特征。而公允价值计量模式更能准确反映这些特征，并反映企业的市场价值和业绩状况。

其次，公允价值模式在更好地体现投资者利益方面可发挥重要作用。当前，我国房地产市场蓬勃发展，房地产价格持续攀升，导致土地或房地产的实际价值与其账面价值之间存在显著差异。现实情况是，公司股东的权益正在增加，但采用成本模式计量却难以准确反映这一点。对于那些持有大量投资性房地产的企业而言，如何准确计量这些资产至关重要。采用公允价值模式可以更好地解决这一问题。相较之下，采用历史成本模式进行计量会导致投资性房地产市值被低估，进而影响企业对其资产总体价值的准确评估。公允价值模式在此背景下显得更合适和可靠。因此，公允价值模式的应用有助于更准确地反映投资性房地产的真实价值，更好地保护投资者的利益。

2.3.3 国内公允价值计量模式的相关研究

我国公允价值的发展历程可分为四个阶段。自 1997～2000 年，我国积极倡导使用公允价值；然而，自 2000～2006 年，对于公允价值的使用持谨慎态度，采取了回避策略。但自 2006 年颁布新的会计准则后，公允价值的使用逐渐增多。2014 年，公允价值准则的发布标志着公允价值在实践中的更广泛应用和加强。自那时起，我国对公允价值计量的研究逐渐深入，重点集中在对公允价值概念的理解及其计量对相关领域产生的影响等方面。这一系列研究不仅有助于完善会计准则，也为企业在实践中更有效地应用公允价值提供了重要参考。

黄世忠（1997）曾指出，公允价值会计对于会计界而言，既是一项严峻的挑战，同时也是计量模式发展与完善的重要契机。

石本仁和赖红宁（2001）在其研究中指出，公允价值会计为诸如无形资产、

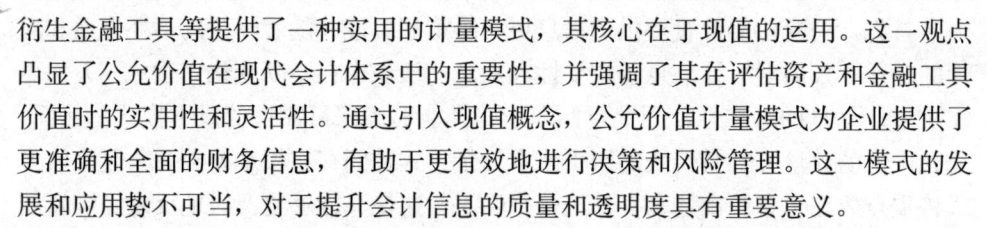

衍生金融工具等提供了一种实用的计量模式，其核心在于现值的运用。这一观点凸显了公允价值在现代会计体系中的重要性，并强调了其在评估资产和金融工具价值时的实用性和灵活性。通过引入现值概念，公允价值计量模式为企业提供了更准确和全面的财务信息，有助于更有效地进行决策和风险管理。这一模式的发展和应用势不可当，对于提升会计信息的质量和透明度具有重要意义。

任世驰和陈炳辉（2005）通过对公允价值会计的深入研究，指出了公允价值会计的重要性。他们认为，公允价值会计使得会计信息逐渐从静态转向动态。这一会计理念的科学化起点体现在两个方面。首先，资产计价必须坚持客观价值的计量原则，确保价格能够真实地反映资产的内在价值。这意味着不仅要考虑资产的历史成本，还要考虑其当前市场价值以及未来的预期收益。其次，资产计价应当基于当前时点，以动态的视角更好地捕捉和反映资产价值的实时变动。这种基于公允价值的计量方法能够更准确地反映资产的价值波动，为企业提供更及时、更精准的财务信息，有助于企业更有效地进行资产配置和风险管理。

葛家澍（2007）在对 IASB 和 FASB 所定义的公允价值及其相关基本概念进行深入比较和分析后指出，公允价值是一种基于市场情况、以假设性交易为主体的评估价格。他认为，如果公允价值得到广泛应用，财务会计就有潜力更准确地反映企业的实际价值。

金融危机爆发后，公允价值会计备受争议，一些人认为其实施是金融危机恶化的原因之一，甚至提出了废除公允价值会计的建议。然而，随着金融危机逐渐平息，葛家澍、窦家春等学者对公允价值会计进行了重新评估。他们指出，公允价值在金融工具中扮演着至关重要的角色，是衍生金融工具唯一相关的计量属性。因此，他们对公允价值计量的价值给予了积极评价。

葛家澍（2010）指出，会计计量的整体发展趋势依然是公允价值与历史成本并存，两者在各自的领域有独特的适用性，相辅相成，不可替代。就中国而言，对公允价值的研究依然具有重要价值，尚未过时。在未来与国际会计准则逐渐趋同的过程中，公允价值计量仍需考虑中国的特殊情况，以确保会计准则的严谨性和适应性。

根据汤谷良和赵玉涛（2013）的多案例研究结果显示，上市保险公司的所有者性质对其使用公允价值政策的影响显著。具体而言，当国有资本占比较大时，保险公司更倾向于保持更高比例的金融资产采用公允价值计量。这是因为国有背景的保险公司更注重对金融资产的市场价值把握，以提升其资产负债表的透明度和可读性，从而增强企业的整体信誉和可信度。此外，为了增强偿付能力，保险公司还借助公允价值进行年度利润调整，以确保企业资金充足、风险可控，从而保障保险业务的稳健运营和持续发展。

2.3.4 国外公允价值计量模式的相关研究

1953年，会计程序委员会（以下简称CAP）在其第43号会计研究公报中首次正式引入了公允价值的概念，这标志着会计领域对于资产和负债计量的一次重要革新。这一举措意味着会计标准开始注重资产和负债在财务报表中的真实反映，引导行业朝更透明和可靠的财务信息披露方向发展。随后，会计原则委员会（以下简称APB）在CAP的基础上延续了这一计量方法，直至20世纪60年代末。在APB的指导下，公允价值计量逐渐被业界接受和应用，成为财务报告的重要组成部分。FASB在1973年接管会计准则制定的任务后，进一步推动了公允价值计量的应用和普及，加速了这一概念在会计实践中的传播和应用。这一系列的发展和演进，促进了会计理论的进步，为公司提供了更准确、客观的财务信息，为投资者和利益相关方提供了更多有价值的参考依据。

然而，在20世纪80～90年代，美国经历了一场严重的储蓄与贷款危机，这一危机动摇了人们对历史成本计量方法的信心。此后，美国金融界开始更倾向于使用公允价值来计量金融产品，以更准确地反映金融市场的真实情况和风险水平。这一变化彰显了金融界对于会计准则更严谨和灵活的追求，同时也凸显了公允价值计量在金融领域的广泛应用和重要性。

1991年，IASC在面对金融工具的确认、计量、报告和披露方面，积极采取了公允价值计量作为会计准则，这标志着国际会计领域对财务信息披露的一次重要改革。FASB也于同年10月开始着手制订关于公允价值确认与计量的财务会计准则。这一行动不仅体现了国际和美国两大会计标准制定机构对财务报告透明度和可比性的高度重视，更是为了满足投资者和其他利益相关者对准确、可靠财务信息的迫切需求，以促进全球资本市场的发展与稳定。通过公允价值计量，金融工具的价值得以更精确地反映，从而提高了财务报告质量，为各利益相关方提供了更加透明、可信的信息，为投资决策提供了有力支持。

2011年5月12日，IASB颁布了《关于公允价值计量的国际财务报告准则》，这一举措标志着全球会计准则的发展迈出了重要的一步。这一准则的出台旨在规范和统一全球范围内关于公允价值计量的会计处理，为跨国企业的财务报告提供了更统一和可比的标准。此举也反映了国际金融市场对于财务信息透明度和规范化的不断追求，为全球经济合作和金融交流提供了更有力的保障。该准则的发布不仅对国际金融会计产生了深远影响，也为全球投资者和其他利益相关者提供了更准确、透明的财务信息，促进了国际金融市场的稳定和发展。

除了制定公允价值会计准则外，国外学者还从多个不同的角度对公允价值的计量问题展开了深入研究。他们重点在公允价值计量方法的适用范围、计量技术的改进、会计信息的质量与可靠性等方面展开了探讨。其中，一些学者着眼于公

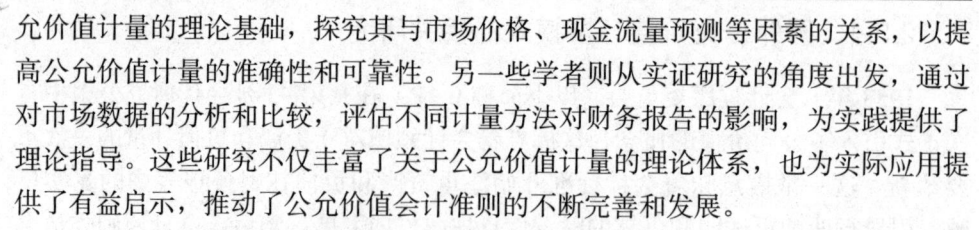

允价值计量的理论基础，探究其与市场价格、现金流量预测等因素的关系，以提高公允价值计量的准确性和可靠性。另一些学者则从实证研究的角度出发，通过对市场数据的分析和比较，评估不同计量方法对财务报告的影响，为实践提供了理论指导。这些研究不仅丰富了关于公允价值计量的理论体系，也为实际应用提供了有益启示，推动了公允价值会计准则的不断完善和发展。

在对银行业进行深入研究后，尼尔森（Nelson，1996）指出，相较于历史成本计量，公允价值更敏感地反映了价格变动。除此之外，采用公允价值计量的证券投资呈现出更高水平的可靠性和相关性。这表明了公允价值在银行业中的重要作用，特别是在反映金融资产价值和投资绩效方面具有显著优势。这些发现为银行业的财务报告和资产管理提供了有益参考，有助于提高银行经营的透明度和效率。

威廉·斯科特（William R.Scott，1997）在研究中指出，企业收益的变动是客观存在的事实。为了提高会计信息的相关性，最基本、最有效的方法之一就是广泛采用公允价值方法来衡量企业的收益。该方法强调了对当前市场条件的敏感度，有助于更准确地反映资产和负债的价值。通过采用公允价值，企业可以更好地应对市场变化，提高财务报告的及时性和准确性。这种做法不仅能够提高投资者和其他利益相关者对企业财务状况的理解，还能够促进市场的有效运作。这将有助于财务报表更真实、全面地反映企业收益的动态变化，为投资者和决策者提供更可靠和有用的信息。

凯瑟琳·莎士比亚（Catherine Shakespeare，1999）在研究中指出，企业管理者会利用公允价值计量中的各种估计因素来操纵企业的利润，以实现既定的财务目标。为了有效地应对这种情况，必须加强会计信息的披露制度，以确保企业财务报表的真实性和透明度。

理查德·哈里斯·穆勒（Richard Harris Muller，2000）在研究中对英国的投资性房地产等非金融资产进行了深入研究。在研究中，他发现了一个引人注目的趋势：采用公允价值计量能够更好地反映资产与收益之间的关联性，相比之下，与历史成本计量相比，公允价值计量显示出更高的相关性。这一发现不仅强调了公允价值计量方法在现代财务报告中的重要性，而且为企业和投资者提供了更准确、更实用的财务信息。同时，他的研究还表明，公允价值计量在可靠性方面并不比历史成本计量逊色，这为采用公允价值计量方法提供了更坚实的理论基础。

斯蒂芬（Stephen，2007）的研究指出，公允价值计量模式所囊括的风险价值程度，会在一定程度上影响企业财务报告的准确性。这一观点凸显了公允价值计量在反映资产和负债价值时所面临的挑战，并强调了企业在运用这一计量方法时需谨慎对待风险因素。这种理解不仅有助于更全面地评估公允价值计量的优缺点，也为财务报告的透明度和可靠性提供了更深入的思考。

克里斯提·劳克斯和克里斯提·卢茨（Christian Laux & Christian Leuz, 2009）对公允价值计量模式是否在金融危机中扮演推波助澜的角色进行了深入研究和论述。这种争议不仅对于公允价值计量模式的理解具有深远意义，也为未来的公允价值研究提供了明确方向。

瑞安娜和瓦斯特（Remanna & Wastts, 2012）在研究中指出，公允价值信息在评估过程中往往具有一定的不确定性，并且其估值受到较强的主观因素影响。因此，过度依赖公允价值计量会导致企业成本费用增加，同时也会引发人为操纵的现象，从而影响企业的财务健康。

克里斯滕森和尼古拉耶夫（Christensen & Nikolaev, 2013）发现公司管理层实际上是认可使用公允价值这种计量模式的，但由于其成本高昂，许多公司不得不放弃采用该模式。

2.4 公允价值计量模式的选择动机研究

在20世纪30年代的经济大萧条期间，美国证券交易委员会（SEC, 1934）指出，公允价值并不能为市场投资者提供真实可靠的会计数据，因此受到了广泛的质疑和批评。公允价值因此成为公众关注的焦点，面临着巨大的争议和挑战。

迪特里希等（Dietrich et al., 2000）在研究中发现，对英国投资性房地产的公允价值评估结果存在一定的可靠性问题，这引发了人们的关注。研究表明，与实际销售价格相比，英国投资性房地产的公允价值普遍偏低，这会影响对其真实价值的准确把握。这一发现对企业决策具有重要的参考价值，特别是在选择投资性房地产计量方式时。企业会倾向于采用公允价值计量，因为这种方式能够提供更可靠和准确的信息，有助于企业做出更明智的决策。

王蕾等（2008）的研究指出，企业在决策是否选取公允价值模式对投资性房地产进行计量时，并非仅关注利润或资本总额的增长，而是全面考量公司发展的稳定性、政策实施的效果等诸多重要因素。

穆勒和里德尔（Muller & Riedl, 2008）在研究中选取了125家欧盟投资性房地产上市公司作为样本，旨在探究在执行IFRS后，采用历史成本或公允价值计量的影响因素。他们在研究中发现，股权集中度、房地产市场活跃度以及会计信息透明度是决定企业会计政策选择的关键因素。具体而言，当股权分散度较低、房地产市场较为活跃，且会计信息透明度有所提高时，公司更倾向于采用公允价值模式计量投资性房地产。这一研究为我们理解企业会计决策背后的考量提供了重要线索，也为制定更加符合实际情况的会计政策提供了参考依据。

夸格里和埃夫隆（Quagli & Avallone, 2010）对欧洲国家的上市公司展开了研究，特别关注拥有投资性房地产的企业。通过实证研究方法，他们深入探讨了这些公司选择采用公允价值计量模式的动机。研究表明，这些公司选择采用公允价值模式计量投资性房地产的背后，主要原因包括管理层的机会主义行为和信息的不对称性。在细致的分析中，他们发现了这一现象的多方面因素，揭示了管理层背后的潜在动机以及公司内部信息不对称的影响。这一研究为我们更深入地理解公司会计决策的背后动因提供重要线索，有助于完善相关理论，并为未来的管理实践提供指导。

克里斯滕森和尼古拉耶夫（Christensen & Nikolaev, 2013）的研究揭示了一些关于管理层选择会计计量模式的有趣现象。他们发现，管理层对于采用公允价值模式的抵触主要源于其高昂的计量成本。尽管公允价值模式在提高会计信息的相关性方面具有一定优势，但在面临成本问题时，管理层往往倾向于放弃这种模式。相比之下，历史成本模式虽然计量成本较低，但却无法准确地反映公司所处的经济环境变化，这也是管理层选择的另一个考量因素。因此，研究结果显示，管理层在决策时需要综合考虑成本、信息质量以及适用性等多个方面的因素，以制定出更加合适和有效的会计政策。

2013年，邹燕、王雪和吴小雄选择了5家房地产上市公司作为研究样本。通过深入进行横向和纵向比较，并从财务与非财务两个层面进行分析，他们发现公允价值计量在企业决策中起到了至关重要的作用，对财务指标、资金需求和资产规模扩展产生了深远影响。

王福胜和程富（2014）选取了在2007～2012年首次采用公允价值计量投资性房地产的公司作为研究对象，他们采用二元回归模型进行实证分析，旨在深入探讨企业选择采用公允价值计量模式的动机。研究结果揭示了企业在这一决策背后的考量和动机，指出企业选择公允价值计量模式主要是出于提升企业的会计业绩以降低公司的债务水平的考量，而并非为了向投资者提供更具相关性的会计信息。这一研究成果为了解企业财务决策背后的逻辑提供了有益的指导，为企业制定会计政策提供了重要的参考依据。

徐先知（2019）认为，资产负债率与报酬契约对公允价值计量模式选择起正向作用，而盈余平滑和业绩状况则产生负向影响。

除此之外，其他学者也对公允价值计量模式的选取进行了分析和研究。2018年，周雨菲的研究深入探讨了J集团调整其投资性房地产后续计量模式的深层次原因。该研究发现，这一变化主要源于J集团对盈利模式的策略性调整及其对维持债务结构稳定的追求。在这一过程中，J集团的决策考虑了多种因素，包括市场环境、竞争态势和财务状况等。根据2017年骆丹的研究显示，世茂股份调整其投资性房地产计量模式的主要动机是出于对企业融资和维持稳定债务结构的考虑。这一变化受到了市场环境、金融政策以及公司内部经营战略等多方面因素的影响。这种情况下，世茂股份的管理层需要权衡各种利弊，以确保企业的财务稳健和发展前景。同样地，2016年，姜楠对皇庭国际变更投资性房地产后续计量模式进行了深入研究。他认为，这种变化的主要原因是受到企业融资需求和规避退市风险考虑的影响。企业面临着资金短缺或债务压力，需要通过调整投资性房地产的计量模式来改善财务状况。此外，规避退市风险也是企业考虑的因素之一，因为房地产行业的市场波动和政策变化对企业的生存和发展造成不利影响。因此，皇庭国际会调整其投资性房地产的计量模式，以应对这些挑战并保持竞争优势。这些研究为我们深入理解公允价值计量的选择动因提供了有益参考。

2.5 文献述评

经过对投资性房地产及公允价值计量相关文献的梳理，本研究发现公允价值计量模式的应用在学术界和企业界都得到了较为广泛的关注。早期的研究表明，企业决定采用公允价值计量模式并非单纯受到该模式本身优越性的驱使，而是更深层次地受到企业内在利益和需求的影响。尽管公允价值计量在短期内会为企业带来预期收益，但是在实践中，市场的不稳定性、估值的主观性以及使用者的利益动机等因素会对企业的长期发展产生不确定性影响。这些因素的复杂交织会导致企业在制定会计政策时面临着挑战和抉择，需要综合考虑各种因素的影响，以实现长远利益的最大化。

投资性房地产的研究数据及研究背景，相较于过去当前市场条件已发生显著变化。因此，对投资性房地产公允价值计量模式进行重新审视和深入研究显得尤为重要。本书旨在探讨公允价值计量在我国的应用现状，并在前人的理论基础上，借鉴已有的研究成果，进行深入分析和探讨，以期为我国公允价值计量的未来发展提供有益参考。

3 理论基础

3.1 公允价值的价值相关性与可靠性

"价值相关性"这一术语源自学术文献中的实证检验理论,它不同于会计信息质量要求中的相关性。根据多位研究者如巴斯(Barth, 2000)、比弗(Beaver, 1998)和奥尔森(Ohlson, 1999)的研究成果,价值相关性代表了一种可操作性方法,以满足 FASB 所制定的相关性和可靠性标准(Barth, Beaver & Landsman, 2001)。其实质在于运用计量观和信息观下的估价理论进行推理。阿米尔、哈里斯和韦努蒂(Amir, Harris & Venuti, 1993)最早提出了这一概念,随后诸如巴斯(2000)、比弗(1998)、奥尔森(1999)以及兰兹曼(2001)等学者进一步深入研究并详细定义了其内涵。这些研究普遍认为,当企业的会计盈余数字与其股票价格或价格变动之间呈现显著相关性时,这些会计数据被视为具有价值相关性。换言之,只有当企业的会计数字中蕴含与投资者对企业价值评估相关的信息,并且这些信息能够得到充分可靠的计量,从而在股票价格中得以反映时,这些会计数据才被认为具有价值相关性。这一概念的进一步发展深化了我们对于企业会计信息与股票市场关系的理解,并为投资者提供了更可靠的决策依据。

3.1.1 价值相关性

最初,关于价值相关性的研究主要侧重于银行业内公允价值的披露。1994年,Barth 对银行业的金融资产进行了深入研究,发现公允价值相较于历史成本更显著地与价值相关,但并未找到与收益相关的确凿证据。这一发现激发了更多学者的兴趣,他们相继对美国银行业的各类金融资产进行了深入的公允价值研究。这些研究不仅确认了未实现收益与公允价值的相关性,还从多个角度验证了相对于历史成本,公允价值更具价值相关性的结论。这些发现不仅在理论上丰富了我们对公允价值的认识,同时也为进一步探索金融资产的价值相关性提供了重要的理论支持和实践指导。

王玉涛、薛健和李路（2010）在研究中发现，在我国实施 CAS 后，非金融上市公司的金融资产发生了显著变化，尤其是在公允价值计量方面。相较于历史成本，公允价值更能准确反映资产价值的变动情况，并且展现出更显著的价值相关性。这一发现揭示了公允价值计量对于反映资产价值变动的有效性。同时，研究还发现，由公允价值变动所产生的未实现收益也呈现出与资产价值变动相关的特征，进一步印证了公允价值与资产价值之间的内在联系。然而，值得注意的是，仅有可供出售的金融资产的公允价值变动损益则呈现出明显的价值相关性，这一现象为公允价值计量在资产价值变动中的作用提供了实证支持，同时也凸显了其在金融资产领域的重要性。

随着研究的不断深入，学者们开始将关注点扩展至金融资产之外的其他资产领域。巴斯和克林奇（Barth & Clinch，1998）在对澳大利亚企业的金融资产、固定资产和无形资产的重新评估增值进行全面分析后发现，金融资产和固定资产的重新评估增值超过历史成本的部分均呈现出价值相关性。此外，欧布蒂、巴斯和卡什米里（Aboody, Barth&Kasznik，1999）在研究英国企业的固定资产重新评估增值与未来盈利之间的关系时，得出了类似结论。这些研究不仅拓展了对资产价值相关性的认知范围，还进一步强调了资产重新评估对企业未来盈利的潜在影响，为我们深入理解资产价值的变动提供了有益参考。

公允价值会计的价值相关性研究是其经济后果中研究最早、内容最丰富、角度最广的核心内容之一。公允价值的价值相关性研究涉及了股票价格或其波动与特定的公允价值会计数字之间的实证关系。他们将现有的价值相关性实证研究大致分为三种类型：相对相关性研究、增量相关性研究和边际信息含量研究。其中，与公允价值计量有关的绝大部分研究属于前两种类型（Holthausen & Watts，2001）。

3.1.2 价值可靠性

公允价值模式的可靠应用需要满足一定条件，包括存在充足的流动性市场和有效价格数据的支持（Barth, Landsman & Ball，1995，2006）。近年来，随着资本市场的不断发展，计量模型的升级已经成为获取公允价值的新途径，并在很大程度上提高了估值的可靠性（Schipper，2005）。然而，值得注意的是，当市场缺乏流动性时，公允价值估值的可靠性就显得尤为重要（Martin, Rich & Wilks，2006；Watts，2006；Whittington，2008）。这种情况下，如果估值的合理性和可靠性无法得到保证，会对财务报告的信息质量造成潜在风险，影响市场参与者对公司财务状况的理解和决策。因此，我们必须认识到，公允价值的相关性和可靠性并非完全独立存在，而是相互关联的。在进行公允价值估值时，必须综合考虑这两个因素，以确保估值结果既准确又可靠，从而提高财务报告的质量和透明度，增强市场的信心和稳定性。事实上，独立评估某项会计数据的相关性或可靠性是一项复杂的任务。通常情况下，我们需要综合考量这两个方面，这就是价值相关性的概念。如果某项会计数据具备了价值相关性，那么它往往在相关性和可靠性上都表现出较高水平（Barth, Beaver & Landsman, 2001）。这一观点在相关研究中已经得到了充分验证。以巴斯和克林奇（1998）的研究为例，他们发现在非金融企业中，对资产进行向上重估的数字与当期损益存在显著的负相关性。这一发现暗示着市场能够辨别出企业对资产的高估行为，从而在统计上呈现出负相关趋势。除此之外，欧布蒂等研究也支持了对资产进行重估并不会影响其与价值相关性的观点。这些研究结论表明，市场具有相当的有效性，不容易受到资产价值高估行为的误导。卡罗尔等（2003）通过对封闭式基金的公允价值变动损益分析公允价值的可靠性。基于公允价值考虑封闭式基金，因为它们的资产负债表和损益表通常以公允价值报告，而且不同基金持有的证券种类有很大差异。以1982~1997年143只封闭式共同基金为样本，发现即使在控制历史成本后，股票价格和投资证券的公允价值以及股票收益和公允价值证券的损益之间存在显著关联。

从理论角度分析，将投资性房地产的计量方式确定为公允价值，有助于向投资者透露这类资产的真实价值信息，从而为他们提供更多的参考价值。公允价值变动所带来的未实现收益以及相关的盈余指标，对于投资者深入了解企业的财务状况具有显著的积极意义，并且与他们所关注的资产价值密切相关。在实践操作中，我国的房地产市场缺乏一个积极活跃的公众参与环境，这导致投资性房地产的公允价值计量更容易受到企业内部相关利益方的影响和操控，从而难以确保其可靠性。自公允价值概念被提出以来，投资者对其持有审慎和保守的态度，对房地产市值的公允估值合理性普遍存在疑虑。投资者对公允价值的来源极为敏感，甚至对某些公允价值相关性的判断持怀疑态度（Koonce, Nelson & Shakespeare, 2011）。因此，在房地产行业中，投资者普遍对房地产市值的公允估值合理性感到担忧，这种担忧使得他们更加谨慎地审视和评估公允价值的可靠性，对公允价值相关性的判断持谨慎态度。

因此，一旦企业发布了公允价值信息，理性的投资者会对企业的市场估值进行重新审视和调整。这种审视不仅会直接影响股票的内在价值，也会在市场上反映出股票的实际售价。理性投资者倾向于根据公允价值数据来评估企业的潜在表现，因为这种数据提供了更准确的资产价值信息，有助于他们做出更明智的投资决策。在股票市场上，投资者通常会参考公允价值来确定股票的适当定价，以确保他们能够在买入或卖出时获取合理回报。因此，公允价值的披露不仅是信息透明的体现，也是促进股票市场运作效率的关键因素之一。在投资领域，如果投资者对提供的投资性房地产的价值估计信息持有中立、公正或公平的态度，并认为这些信息对其决策产生重要影响，那么这些信息往往与股票价格和回报率呈现明显的正向关系。相反地，如果投资者开始怀疑上市公司对投资房地产的公允价值进行了高估，他们会对这些估值信息持怀疑态度，认为这些信息不够可靠，或者与实际房产价值严重偏离。这种怀疑会导致投资者对公允价值的相关性产生负面影响，使其与股票价格和回报率出现负面关联。因此，投资性房地产的公允价值相关性具有两种不同的可能性。一方面，如果公允价值的估算与实际市场价值相符，那么投资者就会更有信心地使用这些信息来做出决策；另一方面，如果投资者认为公允价值被夸大，那么他们会质疑这些数据的准确性，从而降低对其可靠性的信任，并影响其在投资决策中的应用。

3.2 会计选择动机理论

契约动机的经典理论源自于瓦斯特和齐默尔曼在1978年和1979年的研究。由于市场的不完备性，他们将契约理论引入会计之中，提出了三大契约动机：薪酬契约、债务契约和政治成本。他们认为由于存在代理成本和不完全市场导致的市场不完备性，会计选择就能够影响到契约安排的一方或者多方，通过调整各方的动机，以更好地降低代理成本。基于这些契约结构，企业可以在契约签订之后经过会计选择实现一个或多个目标。之后的学者进一步将会计选择的动机分为三类：契约动机、管理机会主义假说和信息不对称。

3.2.1 契约动机与公允价值计量

薪酬契约动机对会计选择的影响讨论最多。激励薪酬可以降低代理成本，鉴于委托人消除代理人全部会计灵活性的成本高昂，部分具备弹性的会计选择及其虚增的薪酬成为一种成本较低的替代方案（Evans & Sridhar, 1996）。若代理人能同时运用会计手段与真实交易来调控其薪酬，那么对委托人而言，会计选择导致的财富损失相较于操纵真实交易明显较小。此外，有效的契约安排表明，尽管会计选择权可能增加管理层的薪酬，但它也能促使管理层与股东的利益更加趋同，进而有助于提升企业价值。这一观点得到了瓦斯特和齐默尔曼（1986）的支持。而债务契约则是另一个在使用会计信息中被广泛研究的动机。会计选择之所以存在弹性，是在于"浮动GAAP"的监督成本远低于"固定GAAP"，因而，债务条款会允许这些会计方法有选择权并依赖这些会计方法之下而产生的会计数据。上市公司的会计方法的选择或变更往往被研究者们认为是为了避免债务契约。政治成本动机假设企业报告过多的盈利会引发政府关注，为了降低税收和监管成本，企业管理层会选择推迟盈利报告的会计方法。

资本市场上，企业在选择采用公允价值计量的决策时通常会考虑债务契约的影响。通过研究选取了法国和德国多个行业的公司作为样本，结果表明，债务契约对企业选择计量模式具有重要影响（Christensen & Nikolaev，2009）。这表明，企业在面对债务方面的约束时，更倾向于采用公允价值计量方式，以满足债权人的需求和要求。这种情况下，债务契约可以被视为企业决策的重要因素之一，影响其财务报告方式和计量模式的选择。他们的观察显示，具有较高财务杠杆的企业更倾向于采用公允价值模式，而非历史成本模式，尤其是在非金融资产方面。沙维尔等（Shalev et al.，2013）对CEO薪酬结构对资产收购后的购买价格分配和公允价值估计程序的影响进行了详细探讨。他们指出，当CEO的薪酬结构更倾向于基于盈余的红利时，会导致购买价格被过度分配给商誉。这种过度分配会随后增加收购后的盈利和红利，因为商誉不会被摊销。另外，研究发现，当收购方CEO的红利计划与商誉过度表述的影响较小或根本没有关联时，比如以现金流、销售或盈余增长为业绩指标时，红利计划对商誉过度分配的驱动作用就会减弱甚至消失。这些发现提示了CEO薪酬结构在收购过程中对资产定价的影响，以及与公允价值估计相关的程序可能存在的偏差。

3.2.2　管理机会主义假说与公允价值计量

由于契约的不完备性，管理层被赋予了会计选择的裁量权，就有可能利用这种裁量权来间接最大化自我利益。管理机会主义假说与契约动机又往往联系在一起。后来的研究者以其提供的证据，表明管理层会利用薪酬契约给予他们在会计方法中的弹性选择进行盈余管理，从而提高自己的薪酬（Healy，1985）。在研究中则指出，管理层在决策过程中会出于多种动机，如提升自身薪酬、降低债务的违约风险以及影响股市对企业的定价而采用会计应计来操纵会计盈余（Healy & Wahlen，1999）。这种现象背后反映出管理层在会计信息披露中可能存在的潜在偏差和利益冲突。这种情况下，会计应计的运用不仅仅是为了反映企业真实的经济业绩，更可能被视为一种操纵手段，从而影响投资者对企业的评估和决策。这种现象引发了对会计估计和披露透明度的关注，呼吁加强对会计信息质量和管理层行为的监督和监管。

关于管理层选择是否采用公允价值计量的动机，学界尚未形成一致看法。有研究指出，管理层在这一决策中具有一定的自由裁量权，因而可能有多种动机。比蒂和韦伯（Beatty & Weber，2006）就美国企业在考虑商誉减值时的利弊进行了深入研究，探讨了企业选择公允价值会计的可能经济动机。他们发现，管理层在这一决策中通常会权衡各种因素，包括市场反应、投资者期望和财务报告的透明度等，以及其对企业财务状况和股价的影响。此外，他们还发现一些可能的激励机制，如激励薪酬、公司治理结构等，这些因素都会影响管理层在公允价值计量方面的选择。因此，管理层的决策会受到多种因素的影响，而不仅局限于企业财务状况的真实反映。研究结果显示，企业的选择受到权益市场关注、债务契约、红利策略、道德风险以及退市威胁等因素的影响，这些因素会导致企业推迟或提前确认相关费用。通过以某国际知名有色金属企业为案例，考察了管理层记录资产时间以及记录资产价值的自由裁量权。结果发现，尽管市场证据表明该公司 1997～2000 年的财务报表实际上高估了镍矿的市场价值，但直到 2002 年管理层才选择反映矿产的市值。亨利（Henry，2009）的研究针对早期采用公允价值计量的银行进行了深入探讨，发现这些银行在金融工具选择方面往往能够获得一定的利益，不论是在当期还是未来的盈利方面都大有裨益。这一发现揭示了银行在面对金融市场复杂性和风险时，选择采用公允价值计量的合理性和有效性及其对银行盈利能力的积极影响。通过采用公允价值计量，银行可以更准确地反映其金融工具的价值，进而在投资和资产配置方面做出更明智的决策，从而为银行业务的持续增长和盈利提供了坚实的基础。

但格思里等（2011）基于 SFAS 159 研究了选取公允价值计量模式的公司，但并未在 72 家采纳公允价值的个体中找到有管理机会主义意图的证据，只发现早期选择公允价值的企业可能经历过明显的当期利益增长或者未来的盈利提升。绝大多数公司只确认了公允价值的变动带来的损失而没有确认从中获得的利益，同时也没有发现使未来盈利受益的普遍证据。基于研究发现并未排除管理层可能利用复杂的投机策略来掩盖其真正目的，因此我们可以假设，公司选择公允价值模式在表面上似乎是出于满足相关准则的需要。

3.2.3　信息不对称与公允价值计量

会计选择受到信息不对称和相关契约方利益的影响，同时也受到机会主义因素的影响。在这种情况下，公允价值作为更高水平的会计信息代表，其选择在企业披露资产信息方面发挥重要作用。采用公允价值计量的企业更倾向于提供更详细的资产信息披露，这可能是因为公允价值计量能够更准确地反映资产价值，从而帮助相关方更好地了解企业的财务状况（Edelstein，Fortin & Tsang，2012）。这一发现提示了企业在选择会计计量方法时可能考虑到了信息透明度和对外披露的重要性，以满足利益相关方的需求，同时也有助于减少信息不对称和防止潜在的机会主义行为。

通过深入探讨管理机会主义、契约动机以及信息不对称对投资性房地产公允价值会计政策选择的影响证实了部分传统会计政策理论（契约动机和管理机会主义）在公允价值计量选择中的有效性。

3.3 经济后果理论

经济后果理论，这一概念由泽夫（Zeff）在1978年首次提出，它主要关注的是会计报告对公司决策、政府以及债权人所产生的实质性影响。该理论强调，会计报告并非仅仅是对公司决策结果的反映，更是一种能够为决策者提供关键信息的工具，从而协助他们做出更合理和有效的决策。斯科特先生在《财务会计理论》中，将经济后果定义为即便在有效的市场理论下，会计政策的选择仍可能影响公司的整体价值。黄文锋（2003）进一步指出，不同的会计准则和程序会导致不同公司之间的利润分配存在显著差异。

Zeff（1978）首先提出了经济后果学说。他认为，会计准则的制定者们在制定准则时应该考虑其产生的后果，包括有利的后果和不利的后果。而会计选择及其变更很可能会影响契约各方的利益，一部分人会从中获益，而另一部分人会受到损失。在契约签订、履行以及评价中，都要以会计计量产生的信息作为计量投入资源与获取回报的依据，所以，财务报告作为会计信息披露的载体，势必会产生影响各个契约主体行为决策的经济后果。公允价值计量模式的选择改变了报表的计量基础，会对企业自身、投资者以及债权人等其他利益相关者产生影响。

企业选择会计政策对其经济产生的影响，主要反映在该公司会计政策的决策，以及这些政策如何影响财务报表、会计数据、会计信息等，从而进一步影响各种利益关系者，如企业界、政府部门、债权人以及其他各方。简单地说，我们选定会计政策的主要驱动力来源于其经济影响。然而，会计政策的选择不是一成不变的，公司管理者会根据相关因素对公司的经营战略进行调整，或者根据这些调整来改变投资组合中债权人的配置和状态。同理，当涉及上市公司时，在选择投资导向的金融资产会计政策方面也会产生一些经济影响。在投资房地产会计策略的决策过程中，其后续的计量过程是多个利益集团权衡互动的产物。选择合适的成本模式或是公允价值模式会导致不同的效益，因此，为了接收各种影响不同利益集团的会计信息，相应的经济决策应运而生。

3.4 本章小结

本章针对投资性房地产的定义、特征、计量模式、估值模型的相关性研究进行了述评，同时综述了关于公允价值、公允价值计量模式以及公允价值计量模式选择动机的国内外研究，并分析了价值相关性和可靠性、会计选择动机两个层面的相关理论。在为本研究奠定研究和理论基础的同时，基于文献综述可知，当前国内外对于投资性房地产公允价值计量模式的选择动机方面的研究成果并不多，因此，本研究对于丰富投资性房地产公允价值计量模式的研究内容和拓展投资性房地产公允价值的研究范围均具有重大意义。

4 公允价值相关准则的演变及其在房地产市场的应用

4.1 国内公允价值准则的演变

4.1.1 我国公允价值变动解析

在原有的规定中，公允价值的概念涵盖了在一个公平的环境下，参与交易的双方在相对了解的情况下，按照自愿原则对资产或债务进行相应交换和结算所确定的金额。然而，在最新的准则中，公允价值的范畴经历了重要调整。它不再只局限于双方交易的情境，而是扩展到市场参与者进行的有序性交易中，即在出售资产时可能接收到或转移的负债的价格。这一新定义与FASB的FAS157定义是一致的，显示了对公允价值概念的认识已向更具市场化和有序化的交易环境迈进。经过深入对比，我们发现，新准则在主要内容、确认时机以及适用主体等方面都进行了重新界定，以更好地适应当今复杂多变的市场环境和会计实践需求。它明确指出，在有序交易中，市场参与者是主体，更强调整个市场，而不是那些在公平交易中熟悉情况的交易各方，进一步强调了公平交易的真正意义在于有序的交易行为。此外，新的准则还特别强调了确认价值的时间准则，即计量日。这一规定有效地规避了因时间点的偶然性和随意性带来的不确定性，凸显了在选择公允价值计量方案时的主观考量和主动性。这一举措旨在确保会计信息的及时性和准确性，以适应日益复杂的商业环境和市场要求。

企业会计准则39号不仅对估值技术、公允价值级次和计量单位等方面进行了详细的界定，还与国际会计准则进行了对比和完善。具体而言，该准则明确规定了三种主要估值技术，包括市场法、收益法和成本法，要求企业根据实际情况选择其中一种或多种估值技术，并优先考虑使用可观察的输入值。此外，准则将输入值分为三个层次，与国际准则保持一致，以确保公允价值计量的准

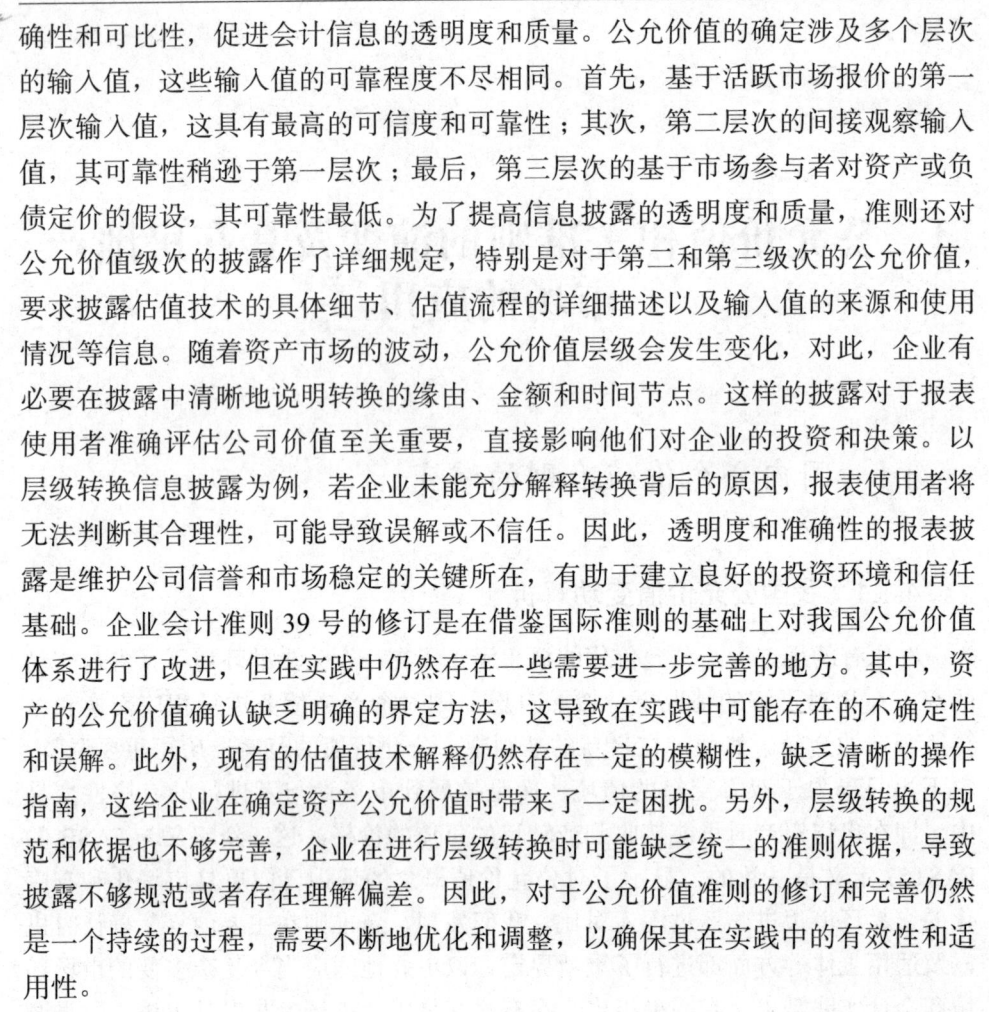

确性和可比性，促进会计信息的透明度和质量。公允价值的确定涉及多个层次的输入值，这些输入值的可靠程度不尽相同。首先，基于活跃市场报价的第一层次输入值，这具有最高的可信度和可靠性；其次，第二层次的间接观察输入值，其可靠性稍逊于第一层次；最后，第三层次的基于市场参与者对资产或负债定价的假设，其可靠性最低。为了提高信息披露的透明度和质量，准则还对公允价值级次的披露作了详细规定，特别是对于第二和第三级次的公允价值，要求披露估值技术的具体细节、估值流程的详细描述以及输入值的来源和使用情况等信息。随着资产市场的波动，公允价值层级会发生变化，对此，企业有必要在披露中清晰地说明转换的缘由、金额和时间节点。这样的披露对于报表使用者准确评估公司价值至关重要，直接影响他们对企业的投资和决策。以层级转换信息披露为例，若企业未能充分解释转换背后的原因，报表使用者将无法判断其合理性，可能导致误解或不信任。因此，透明度和准确性的报表披露是维护公司信誉和市场稳定的关键所在，有助于建立良好的投资环境和信任基础。企业会计准则39号的修订是在借鉴国际准则的基础上对我国公允价值体系进行了改进，但在实践中仍然存在一些需要进一步完善的地方。其中，资产的公允价值确认缺乏明确的界定方法，这导致在实践中可能存在的不确定性和误解。此外，现有的估值技术解释仍然存在一定的模糊性，缺乏清晰的操作指南，这给企业在确定资产公允价值时带来了一定困扰。另外，层级转换的规范和依据也不够完善，企业在进行层级转换时可能缺乏统一的准则依据，导致披露不够规范或者存在理解偏差。因此，对于公允价值准则的修订和完善仍然是一个持续的过程，需要不断地优化和调整，以确保其在实践中的有效性和适用性。

除了上述内容外，企业会计准则39号还进一步完善了评估方法、公允价值级次以及公允价值计量单位等方面。该准则明确指出了主要的公允价值评估方法，包括市场法、收益法和成本法，并要求企业根据具体情况选择适当的评估方法，优先使用可观察输入值。为了与国际准则保持一致，准则规定了三个层级的输入值。第一级输入值基于活跃市场的定价，具有最高的可靠性；第二级输入值需要估值者进行间接观察，其可靠性较第一级低；第三级输入值基于市场参与者的定价假设，不可直接或间接观察，可靠性最低。此外，准则要求上市公司对公允价值级次的使用进行披露，尤其是对于第二和第三级别的公允价值，需要详细公开估值的技术、估值过程的描述和输入值等信息。当资产市场发生公允价值层次调整时，公司必须详细披露调整的原因、金额及相关的政策决策。财务报表的披露信息对于用户对企业价值的评估至关重要，因此，充分地披露信息可以帮助投资者做出合理判断。企业会计准则 39 号的修订是在参照国际准则的基础上完善了我国的公允价值体系，但仍存在改进空间，例如，资产公允价值确认缺乏明确的界定方法，估值技术解释模糊，层级转换缺乏准则依据等。

4.1.2　准则变动的影响

新准则的施行不仅规范了公允价值的运用和披露，还建立了更完善的公允价值框架。根据这一新规定，上市企业必须聘请独立的评估团队对大额资产和负债进行评估，这一要求为资产评估行业带来了全新的发展机遇。这种规定的实施不仅提高了评估的专业性和客观性，还加强了市场对公司财务状况的信任度，从而促进金融市场的健康发展。然而，在财务报表的编制过程中，存在一定的风险，特别是当市场评估不规范、评估企业独立性受到质疑时，这种风险被进一步放大，为企业操纵利润提供了可乘之机。为了应对这一挑战，新的准则对评估团队的独立性、专业性、准确性和规范性提出了更严格的要求。这意味着评估团队必须保持独立于被评估企业，确保其评估工作不受到任何利益冲突的影响，并且需要具备高度的专业知识和技能，以确保评估结果的准确性和可靠性。此外，新的准则对披露要求的提高给企业和会计监管机构都带来了一系列挑战，这需要加大监管力度和数据验证以确保准确性和透明度。企业在面对这些挑战时，需要建立健全的公允价值内部控制制度，以确保评估过程的合规性和准确性。此外，加强会计人员的培训也很重要，他们需要具备足够的专业知识和技能来正确应用公允价值计量方法。同时，企业在使用公允价值进行盈余管理时，应该保持适度，避免过度依赖公允价值进行利润操纵，从而确保财务信息的真实性和可靠性，维护投资者利益和市场稳定。在监管方面，会计监管机构也需要加强对企业公允价值披露的监督和审核，确保企业遵循相关规定和准则，不断提高信息披露质量和透明度，维护市场秩序和投资者信心。

2007 年 1 月 1 日，《企业会计准则第 3 号——投资性房地产》（以下简称 CAS3）的发布为投资性房地产提供了更规范、更明确的界定。其对投资性房地产的相关会计处理进行了规范，对信息披露提出了相关要求。2014 年，我国颁布了《企业会计准则 39 号——公允价值计量》（以下简称 CAS39），这一举措对企业公允价值计量和信息披露进行了进一步规范。

会计准则对市场交易的性质进行了明确规定，即为"有序交易和市场"。所谓有序，是指市场具有惯常交易获得，市场交易参与者相互独立，全面了解并且具有自主自愿市场交易的能力。市场的规定不再单一地突出"活跃度"。公允价值的概念建立在一个基础之上，即资产的出售和负债的转移是在其主要市场上进行的。然而，当资产和负债没有明确的主要市场时，就需要假定它们可以在最有利的市场上进行交易。这一假设的背后是对市场参与者的理性行为和市场效率的信任，即认为资产和负债的定价将受到市场供需关系、投资者行为和信息披露等因素的影响。主要市场是指规模大并且活跃度高的市场。最有利市场是指可以实现最高价值出售相关资产以及最低价格转移负债的市场。

CAS39借鉴了国际准则中的公允价值层次理论，并将其纳入制定框架。在这一框架下，准则将输入值按照不同的层次进行划分，形成了公允价值的层次结构。这一举措旨在确保财务信息的相关性和准确性，同时保障了对矛盾信息的诚实披露，以解决公允价值估计过程中可靠性不足的问题。这一制度性安排为企业提供了更加规范和透明的财务信息披露框架，有助于提升市场的透明度和投资者的信心。此外，CAS39也对估值技术做出了具体规定：企业可以根据需要选择市场法、收益法或成本法等估值方法，审核估值结果的合理性，最终确定最符合公允价值的金额作为公司的公允价值。一旦确认了公司的估值技术，就不得随意改变。

4.1.3 准则变动对投资性房地产计量模式的影响

CAS3规定了企业计量投资性房地产的两种模式：成本模式和公允价值模式。财政部明确指出，在进行投资性房地产的计量时，企业应当严格遵循计量模式的一致性原则。这意味着企业在选择一种计量模式后，必须对所有投资性房地产都采用同一种计量模式进行后续计量，不得混合使用不同的计量模式。特别是对于已经采用公允价值模式计量的投资性房地产，企业不得通过变更会计政策的方式转为成本模式计量。这一规定的出台旨在确保企业在资产计量过程中的一致性和准确性，避免因混用计量模式而导致的信息不一致和混淆。这也有助于提升财务报表的透明度和可比性，为投资者和利益相关者提供更加可靠的财务信息基础。因此，企业在选择后续计量模式方面拥有主动权，但这并不意味着可以随意改变计量模式。我国企业会计准则旨在规范市场行为，对投资性房地产的计量模式做出了明确规定，不允许企业随意更改计量模式，但可以将成本模式变更为公允价值模式。这需要两个硬性条件：一是房地产市场比较成熟；二是其可以满足公允价值模式计量。这意味着企业需要在投资性房地产所处的环境发生较大变化，且其他情况也满足准则规定的条件时才允许变更。在面对计量模式的变更时，企业需要将其视为会计政策的变更进行处理。对于期初留存收益也需要进行相应调整，以反映计量模式变更所导致的公允价值与账面价值之间的差额。这一调整的目的在于确保财务报表的准确性和一致性，使其能够真实地反映企业资产价值的变化情况。准则还规定这一变更是不可逆的，不可再往回转为成本模式。

从上述分析我们不难看出，我国对于企业投资性房地产后续计量模式转换持严谨态度。应该说从准则措辞角度来看，我们并不十分支持企业在后续计量时的计量方式改变，而是希望企业在初始入账时就做好考虑，以做出符合准则规定的决定，做出符合企业发展的决策，不能盲从，也不能抱有侥幸心理。

4.2 公允价值计量模式在投资性房地产中的应用

4.2.1 房地产市场的大环境

从我国整体发展的大环境来看，房地产业是我国具有主导性质的产业，因此房地产业的发展深受我国政策环境的影响。在国家政策的干预下，我国的房地产业近几年的发展趋于缓慢，但是整体上仍处于上升趋势，并且价格也不断上涨。由此所影响的房价，也是呈现出逐年变化的特点。在成本计量模式下，投资性房地产所体现的价值为历史价值（即为购买时或自建时的价值），计提折旧会使投资性房地产价值出现逐年递减的趋势，和时下的公允价值形成较大差距。对于投资性房地产公司来说，投资房地产的价值直接影响公司的利益，成本计量模式下的历史成本，不仅不符合当下市场的价值评定，还存在计提折旧和摊销方面的问题，使其价值低于现行价值，直接损害企业价值的同时，也不利于企业的良性发展，因此，在市场环境的影响下，部分投资性房地产公司选择采用公允价值计量模式。

4.2.2 总体应用现状

部分企业认为房地产公司的估值和投资性房地产的公允价值会计密切相关，这是因为房地产公司通常使用净资产价值作为估值基数。资产净值是指房地产公司的资产减去负债的公允价值，因此很容易确定，基于国际财务报告准则，投资房地产经常使用公允价值方法进行报告。我国房地产企业的发展始于2007年1月1日，当时开始应用CAS3。本书针对2007～2019年采用公允价值计量模式的上市公司进行了分析，具体如表4-1所示。

表4-1 2007~2019年我国公允价值模式应用情况统计

年份	上市公司总数/家	拥有投资房地产的企业/家	选择采用公允价值的企业/家	占上市公司的比例/%	选择采用成本模式的企业/家
2007	1613	630	18	1.12	612
2008	1688	690	22	1.30	668
2009	1782	772	27	1.52	745
2010	2127	833	30	1.41	803
2011	2406	905	35	1.88	870
2012	2557	968	48	1.89	920
2013	2553	1073	52	2.04	1021
2014	2675	1144	57	2.21	1085
2015	2890	1254	66	2.84	1188
2016	3047	1315	71	2.33	1244
2017	3328	1389	78	2.34	1311
2018	3583	1458	85	2.37	1373
2019	3759	1502	91	2.42	1411

数据来源：根据2007~2019年企业年报数据加工整理，由于研究开展时2020年最新的企业年报没有发布，因此未对2020年的房地产投资企业进行研究。

据表4-1所示，2017年投资性房地产准则刚开始实施时，仅有18家投资房地产企业选择了公允价值计量模式，其占比仅为1.12%。2008年投资房地产的上市企业采用公允价值计量模式的有22家，相较于2007年数量有所增加，占比为1.30%。自2009年至2019年，采用公允价值计量模式对投资性房地产进行计量的上市企业数量呈现逐年增长的趋势。具体来说，2009年有27家企业采用该模式，占比为1.52%；至2010年，该数字上升至30家，占比为1.41%；2011年进一步增加至35家，占比为1.88%；2012年达到48家，占比为1.89%；2013年为52家，占比为2.04%；2014年增至57家，占比为2.21%；2015年跃升至66家，占比提升至2.84%；2016年为71家，占比为2.33%；2017年达到78家，占比为2.34%；2018年为85家，占比为2.37%；至2019年，采用公允价值计量模式对房地产进行投资的企业数量已达到91家，占比为2.42%。

2007～2019年，上市公司中拥有房地产投资的公司数量、采用公允价值计量模式的企业数量以及采用成本计量模式的公司数量变化趋势如图4-1所示。

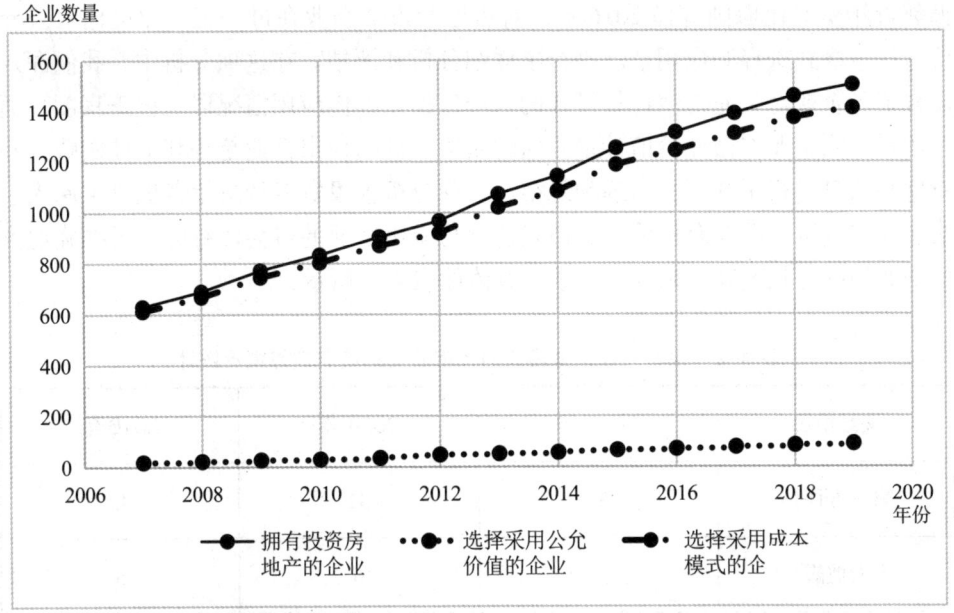

图 4-1　2007~2019 年我国房地产投资公司公允价值模式应用数量变化趋势

表4-1所列数据及图4-1所示的公允价值计量模式采用情况的变化趋势显示，自2007年第3号会计准则——《投资性房地产》准则实施以来，投资房地产企业采用公允价值计量模式的数量并不多。由此可以看出，尽管该准则已经实施相当长时间，但整体而言，在过去的十几年间，企业更倾向于选择成本模式。值得注意的是，尽管上市企业中采用公允价值计量模式的企业数量略有增加，但绝大多数企业仍持谨慎态度。它们对于公允价值计量模式的选择和应用仍持谨慎观望的态度。这可能反映了对该计量模式的认知程度以及对其带来的财务影响的谨慎评估。随着时间的推移和市场的变化，投资房地产企业会逐渐调整其计量模式，以适应法规变化和市场需求，进一步提高财务报告的准确性和透明度。

4.2.3　披露情况分析

财政部颁布的CAS3对企业关于公允价值方法和依据的披露要求进行了具体规定，投资房地产企业选择应用公允价值计量模式时，要对影响损益的公益价值变动金额进行披露。2014年颁布的CAS39进一步规范了房地产投资企业对公允价值计量模式的使用。根据该准则规定，这些企业必须在其年度报告中全面披露与公允价值计量层次相关的信息，确保信息披露的完整性和透明度。2014年颁布的CAS39对信息披露进行了更明确的要求，较具标志性，因此，本书对于信息披露的研究主要选取CAS39颁布之前的2013年以及颁布后的2014年，并遵循邻近年份对比原则选择 2016 年，对房地产投资企业在过去三个年度内对公允价值计量模式选择和应用情况进行了详细分析和评估。在这项分析中，我们深入研究了各企业对公允价值计量模式的选择依据、具体应用情况以及披露程度。通过比较不同企业在公允价值计量方面的做法，试图找出行业趋势和最佳实践，并对这些信息进行了全面的整理和总结。这项分析为投资者和决策者提供了深入了解房地产投资企业公允价值计量模式选择与应用情况的机会，有助于更准确地评估企业的财务状况和未来发展前景。具体如表 4-2 所示。

表 4-2 采用公允价值模式的上市公司的信息披露情况统计

披露情况	2013 年	2014 年	2016 年
第三方评估	31	32	42
未披露	16	6	5
依据第三方自行评估	1	2	2
自行评估	4	19	22
合计	52	59	71

数据来源：根据 2007~2019 年企业年报数据加工整理。

通过 2013 年、2014 年和 2016 年应用公允价值计量模式的房地产投资企业的信息披露情况进行统计得知，2013 年 52 家应用公允价值计量模式的企业中，信息披露方法为第三方评估的有 31 家，未披露的有 16 家，依据第三方机构自行评估的有 1 家，还有 4 家公司信息披露的方式为自行评估。2014 年 59 家应用公允价值计量模式的企业中，信息披露方法为第三方评估的有 32 家，未披露的有 6 家，依据第三方机构自行评估的有 2 家，还有 19 家公司信息披露的方式为自行评估。2016 年 71 家应用公允价值计量模式的企业中，信息披露方法为第三方评估的有 42 家，未披露的有 5 家，依据第三方机构自行评估的有 2 家，还有 22 家公司信息披露的方式为自行评估。

如图 4-2 所示，第三方评估方式是房地产企业信息披露的主要方法，随着 CAS39 的颁布，未进行信息披露的公司数量大幅下降，至 2016 年未进行信息披露的公司仅有 5 家，应用公允价值计量模式的房地产公司，逐步体现出第三方评估和自行评估结合的信息披露发展趋势。由此说明，随着时间的推移，越来越多的企业开始持有投资性房地产，选择采用投资性房地产公允价值计量模式的企业数量也在逐步增加，越来越重视客观性和明确性，公允价值计量模式应用逐步清晰合理，有利于更多投资性房地产公司对于计量模式的转变应用。

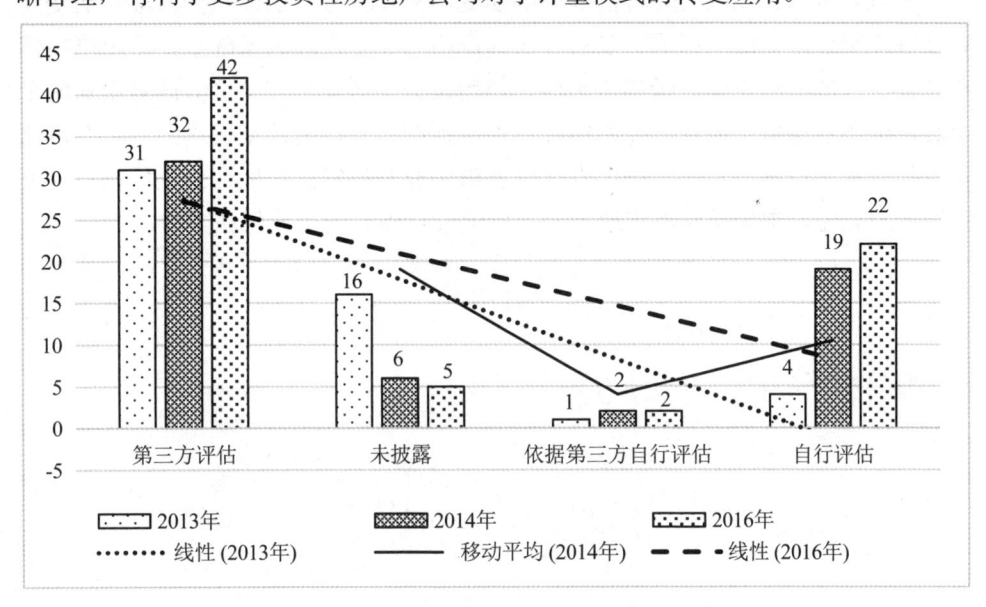

图 4-2　采用公允价值模式的上市公司的信息披露情况统计图

4.2.4　投资性房地产不符合准则的情况

CAS3 和 CAS39 对投资性房地产企业采用公允价值计量模式进行了规范，特别是在信息披露方面进行了详细规定。但是从目前我国投资性房地产公司发展情况来看，还存在不符合规则的问题，具体体现如下。

第一，存在信息披露不完善甚至不进行信息披露的问题。例如，2016 年的年报中，A、B 公司就未对公允价值的确定依据进行披露，不符合准则的要求。

第二，还有部分房地产公司存在公允价值计量模式和成本模式共用的情况，不符合准则中所做出的投资性房地产公司采用一种计量模式，不能共用两种计量模式的要求。例如，C 公司 2016 年年报，以及 D 公司 2013 年、2014 年和 2016 年年报中，成本计量模式和公允价值计量模式并存，不符合准则的要求。

CAS39 的颁布对公允价值计量模式做出了更具体的规定，为投资性房地产公司对于公允价值计量模式的应用提供了依据，但是投资性房地产公司对公允价值计量模式应用中，不符合准则的情况，也应该被重视和寻求合理的解决方法。

4.3 本章小结

本章着重分析我国公允价值准则的演变历程，并分析了公允价值准则的变动对投资性房地产估值的影响，而后在房地产市场高度发展的基础上，得出当前拥有投资性房地产的企业数量逐年递增，使用投资性房地产公允价值计量模式的企业数量也逐步递增，但是已经使用投资性房地产公允价值计量模式的总企业占比较少的结论。可见，当前市场上大部分上市企业对投资性房地产公允价值计量模式持观望态度，选择投资性房地产公允价值计量模式的企业仍在少数。

5 投资性房地产公允价值的价值相关性和可靠性调查分析

鉴于当前国内使用投资性房地产公允价值计量模式的企业数量仍然较少，目前市场对投资性公允价值计量模式的使用尚未完全成熟，笔者首先采用调查分析方法，从问题导向的角度出发，深入了解当前国内企业对投资性房地产公允价值计量模式的认知和评价，以及这种模式在价值相关性和可靠性方面的具体情况，以便后续展开对选择投资性公允价值计量模式动机的分析。

5.1 问卷设计

5.1.1 前期访谈

本次问卷调查前，笔者首先进行了前期访谈，对上市企业的财务总监、财会领域的专家共计 20 名专业人士进行综合的概念访谈，访谈内容主要包括对目前我国投资性房地产公允价值计量模式的态度，以及对投资性房地产公允价值计量模式的价值相关性、可靠性方面的态度。在调查的初步阶段，我们对多位行业专家及专业人士进行了全面的访谈和深入分析，并强调了调查工作的核心价值。同时，在选择问卷对象时，我们采用了临界点访谈技术，以解决之前问卷调查中的不足之处。与问卷调查不同，访谈更注重通过开放性的对话和评论来深入探索背后的动机、原因以及观点，从而得出更深层次的结论。结合访谈的结果和之前的问卷调查，我们可以获得更真实和准确的数据，从而避免研究结果可能存在不科学之处。随后，根据初步调查的结果，我们制定了正式的调查问卷。

5.1.2 正式问卷设计

目前，尚未有针对投资性房地产公允价值的价值相关性和可靠性统一的测量指标体系，大部分学者仍是从定量分析的角度，通过对比分析公允价值和成本计量两种模式下价值差距和损益波动，进而分析价值相关性和可靠性，但是这种方法未能直接分析公允价值的价值相关性和可靠性高低,同时为了进一步明确我国企业以及专业人士对投资性房地产公允价值的价值相关性的评价,本文采用编制和发放调查问卷的方式,来测量投资性房地产公允价值的价值相关性。

5.1.2.1 投资性房地产公允价值的价值相关性测量

在访谈的基础上,测量指标的选择参考了已有的国内外学者对投资性房地产公允价值的价值相关性的分析和研究重点。其中,利用1995—1998年银行控股公司在《财务会计准则》第107号和第115号项下的公允价值披露,对公允价值的价值相关性分析过程中,着重分析了贷款和存款的公允价值计量的信息价值,即披露的公允价值信息的有用性,认为当企业严格遵守《财务会计准则》的要求时,企业的公允价值的价值相关性较高。同时不否认公允价值计量涉及更多的主观性(Khurana I. K. et al., 2003)。基于金融工具的会计准则AASB 139准则的要求以公允价值为基础对金融工具进行计量。在分析公允价值的价值相关性时,着重分析了公允价值信息与实际价值的相关性(Hassan M. S.et al., 2006)。在对公允价值估值的价值相关性进行调查分析的过程中,基于国际财务报告准则指出所有的公允价值都是与投资者相关的价值,因此,在对公允价值是否具有价值相关性的调查时,应当重视其与投资者的相关性,进而确定从公允价值与企业价值的相关性、有用性、与投资者的关联性等方面进行测量(Siekkinen.J, 2017)。

5.1.2.2 投资性房地产公允价值的可靠性测量

当前,国内外并无针对投资性房地产公允价值可靠性的评估指标或是测量体系,本书借鉴当前对于投资性房地产公允价值的可靠性的概念以及研究的侧重点,确定投资性房地产公允价值的可靠性的测量指标。研究表明欧洲房地产公司的资产净值通常与市值存在背离,这种偏差的产生往往源于公允价值估计的不足,导致净值与市值之间的差异。因此,他们认为是否存在偏差是评估企业公允价值估计的可靠性的重要指标。在调查英国投资房地产的强制性年度公允价值估算的过程中,着重分析公允价值估值是否反映了实际售价,即分析公允价值估算的真实性(Dietrich J. R., 2000)。

5.1.2.3 投资性房地产公允计量模式的影响因素测量

目前对于公允价值计量模式的影响因素方面的研究成果较多,且结合文献部分综述可知,当前对于企业是否选择投资性公允价值计量模式的影响因素,除了投资性公允价值的价值相关性和可靠性外,还有企业的内外部因素,如企业的财务信息披露、营业状况以及融资等多方面因素。部分学者认为选择恰当的财务报告计量基础是一个基本的、有争议的会计政策问题。虽然许多人认为公允价值是财务报告最相关的计量基础,但其他观察家对公允价值计量的可靠性(或"忠实表述"),以及由此产生的实用性表示担忧。在投资性公允价值的价值相关性和可靠性的测量基础上,本书从内外部因素的作用大小、财务信息质量、融资需求、资产以及企业管理者的自身目的等方面进行测量。

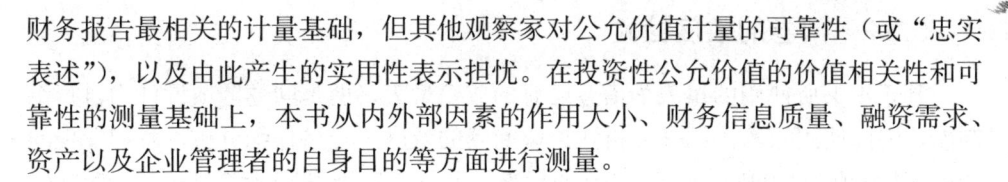

5.2 问卷发放和回收情况

本次调查采用定向随机的方式,将电子调查问卷发放到相应的公司/学会/协会邮箱,邀请A股上市公司企业财务部工作人员、"中国会计注册师协会"成员、"中国会计学会"成员、"中国会计协会"成员、"中国总会计师协会"成员、"中国企业财务管理协会"成员、"中国资产评估协会"成员参与问卷调查。本次调查问卷题项均为单项选择题。本次调查共发放310份问卷,回收了305份。经过对回收数据的筛选,剔除了存在自相矛盾、漏答或未答题项的问卷,最终得到了302份有效数据。因此,本次问卷的有效率为97.42%。

5.3 问卷的信度和效度检验

5.3.1 问卷的信度检验

阿基姆(Akeem,2015)提出了多种测试方法,用于评估问卷的可靠性和效度,并强调了对问卷进行信度和效度检验的重要性。在进行信度检验后,问卷整体的信度达到了0.897,表明问卷整体的信度水平相当高。其中价值相关性维度的信度系数为0.932,可靠性信度系数为0.947,影响因素系数为0.943,说明价值相关性、可靠性、影响因素三个维度的各指标的内部一致性较高,即这些题目对投资性房地产公允价值的价值相关性和可靠性的解释具有一致性。具体如表5-1所示。

表5-1 信度检验结果

问卷	维度	克隆巴赫 Alpha		项数
整体	价值相关性	0.932	0.897	5
	可靠性	0.947		5	22
	影响因素	0.943		6

5.3.2 问卷的效度检验

基于本书所使用的量表为借鉴已有的成熟量表，但是问卷题项设计为自行编制的，因此使用探索性因子分析法检验问卷的效度。经过仔细分析，我们发现问卷的 KMO 值为 0.906，远高于 0.9 的标准。此外，巴特利特检验显示，p 值为 0，在 0.001 水平上表现出显著性，这表明问卷的整体结构非常适合进行因子分析。进一步观察因子方差提取的结果，所有指标的公因子方差提取值均超过 0.5，这进一步验证了问卷指标与潜在因子之间的高度一致性。根据初始特征值大于 1 的标准，我们成功从问卷的第二部分、第三部分以及第四部分（Q7~Q22）中提取出了 3 个关键因子。这 3 个因子的累积解释率达到 80.429%，超过了 0.80 的标准，表明这些因子能够充分涵盖和解释问卷中的信息。最后，通过最大方差法构建旋转因子矩阵，我们得到了各指标与这 3 个主要因子的因子载荷系数，如表 5-2 所示。

表 5-2 旋转后的成分矩阵

因子	成分 1	成分 2	成分 3
Q7			0.815
Q8			0.889
Q9			0.852
Q10			0.883
Q11			0.902
Q12		0.888	
Q13		0.891	
Q14		0.787	
Q15		0.925	
Q16		0.881	
Q17	0.883		
Q18	0.836		
Q19	0.813		
Q20	0.864		
Q21	0.880		
Q22	0.883		

根据表 5-2 可知，保留因子载荷系数绝对值大于 0.6 的题项，一共可以提取 3 个主成分。根据旋转后的因子载荷矩阵可知，主成分 1 中，Q17~Q22 的因子载

荷系数均高于 0.8，说明主成分 1 与 Q17~Q22 高度相关。主成分 2 中，Q12~Q16 的因子载荷系数均高于 0.75，说明主成分 2 与 Q12~Q16 密切相关。主成分 3 中，Q7~Q11 的因子载荷系数均高于 0.8，说明主成分 3 与 Q7~Q11 密切相关。根据题项的预期设计可知，Q7~Q11 对应投资性房地产公允价值的价值相关性、Q12~Q16 为投资性房地产公允价值的可靠性、Q17~Q22 为投资性房地产公允价值的价值相关性和可靠性的影响因素，符合问卷的预期设计和维度划分，说明当前问卷的效度较高。

5.4 样本信息

本书利用 SPSS 25.0 统计分析软件对收集的 302 份样本进行了描述性统计分析。描述性统计分析是统计学中最基本的分析方法之一，用于了解研究对象的基本情况。在描述性统计分析中，频率描述主要针对分类变量和名义变量，通过计算每个变量取值或值范围的频数和百分比来呈现样本数据的分布情况，具体结果如表 5-3 所示。

表 5-3 样本基本信息

信息	类别	频数	百分比 /%
性别	男	155	51.30
	女	147	48.70
工作单位性质	企业	150	49.67
	科研单位（学校、协会、学会、其他科研单位）	133	44.04
	政府/事业单位	19	6.29
工作年限	1 年及以下	8	2.6
	1~3 年	73	24.2
	3~5 年	69	22.8
	5~7 年	49	16.2
	7 年及以上	103	34.1
是否接触过投资性房地产项目	否	76	25.2
	是	226	74.8
是否支持企业选择投资性房地产公允价值计量模式	否	185	61.26
	是	117	38.74
对投资性房地产公允价值的熟悉程度	非常熟悉	61	20.2
	比较熟悉	142	47
	一般	80	26.5
	比较不熟悉	19	6.3

根据表 5-3 的结果可知，样本分析结果表明，本次调研中的男女性比例基本持平，男性比重较高一些，为 51.30%。在本次调研的单位性质分布中，由于本次调研包括上市公司和协会/学会成员，但是部分协会/学会成员的实际工作单位分布较广，将样本的单位性质按照上市公司、科研单位以及政府/事业单位进行划分，得到划分后的样本单位性质以企业属性为主，占比为 49.67%，其次为科研单位，另外还有 19 人为政府/事业单位工作人员，符合本次定向调研的单位属性分布结果。同时，大部分受访者的工作年限较长，其中 16.2% 的受访者工作年限为 5~7 年，有 34.1% 的受访者的工作年限超过 7 年，说明受访者的工作经验较为丰富，能通过工作经验对投资性房地产公允价值的价值相关性和可靠性做出判断。此外，本次的企业受访者中 226 人接触过投资性房地产项目。且当前超过 20% 的受访者对投资性房地产公允价值十分熟悉，还有 47% 的受访者对投资性房地产公允价值的比较熟悉，说明本次大部分被调查者能够对投资性房地产公允价值的相关内容做出较为专业且合理的判断，同时有 185 人并不支持企业选择投资性房地产公允价值计量模式，说明当前 61.26% 的企业的财务负责人以及相关专业人士并不支持或是鼓励企业选择投资性房地产公允价值计量模式。

5.5 调查结果分析

5.5.1 投资性房地产公允价值的价值相关性调查结果

5.5.1.1 基本分析

基于对投资性房地产公允价值的价值相关性方面的五个题项均为正向指标，分值越高，则表示该指标所体现的价值相关性越大。通过对投资性房地产公允价值的价值相关性方面的调查结果显示，"企业披露的投资性房地产公允价值与企业实际价值的关联性"的均值为 2.937，说明当前大部分上市公司财务工作人员以及财务领域的专业人士认为我国企业披露的投资性房地产公允价值与企业实际价值的关联性较弱。此外，"企业披露的投资性房地产公允价值的信息内容有用性、企业披露的投资性房地产公允价值的信息能否满足您的需要"的均值分别为 3.003、2.904，即从市场有效性和信息有用性的角度分析，目前我国企业披露的投资性房地产公允价值的信息的有效性一般。从投资性房地产公允价值与投资者或者信息接收者之间的相关性判断，"企业披露的投资性房地产公允价值信息与企业投资者决策的关联性、企业披露的投资性房地产公允价值的信息对信息使用者决策的支持力"的均值分别为 2.874 和 2.911，说明当前大部分专业人士认为我国上市公司所披露的投资性房地产公允信息与投资者/信息接收者之间的相关性较弱，如表5-4所示。

总体而言，就目前我国上市公司所公布的投资性房地产公允价值的价值相关性而言，上市公司的财务人员以及财务专业人士的整体评价普遍不乐观。可见，较之历史成本计量模式，我国已经使用公允价值计量模式的企业所披露的公允价值并未在价值相关性方面表现出优势。

表 5-4　投资性房地产公允价值的价值相关性调查结果

指标	最小值	最大值	均值	标准差
企业披露的投资性房地产公允价值与企业实际价值的关联性	1	5	2.937	1.349
企业披露的投资性房地产公允价值的信息内容有用性	1	5	3.003	1.382
企业披露的投资性房地产公允价值的信息能否满足您的需要	1	5	2.904	1.376
企业披露的投资性房地产公允价值信息与企业投资者决策的关联性	1	5	2.874	1.380
企业披露的投资性房地产公允价值的信息对信息使用者决策的支持力	1	5	2.911	1.386

5.5.1.2　交叉分析

本次调查专门分析了样本人群"是否支持企业选择投资性房地产公允价值计量模式"。为进一步分析这一观点与价值相关性的关系，使用 t 值检验价值相关性的各题项的差异性，结果如表5-5所示。其中，支持企业选择投资性房地产公允价值计量模式的人在"企业披露的投资性房地产公允价值与企业实际价值的关联性"观点上的得分达到3.658，而不支持企业选择投资性房地产公允价值计量模式的人在该观点上的得分仅为2.481，说明样本人群认为企业披露的投资性房地产公允价值与企业实际价值的关联性越高，则越会支持企业选择公允价值计量模式。此外，支持企业选择投资性房地产公允价值计量模式的人在"企业披露的投资性房地产公允价值的信息内容有用性"方面的得分为3.658，不支持企业选择投资性房地产公允价值计量模式的人在该方面的得分为2.589，可见，是否支持企业选择投资性房地产公允价值计量模式在"企业披露的投资性房地产公允价值的信息内容有用性"的认知表现出存在差异。此外，对"是否支持企业选择公允价值计量模式"作出选择的人在"企业披露的投资性房地产公允价值的信息能否满足您的需要""企业披露的投资性房地产公允价值信息与企业投资者决策的关联性""企业披露的投资性房地产公允价值的信息对信息使用者决策的支持力"

三方面均在 0.01 水平上存在显著差异。综上所述，当样本人群认为公允价值的价值相关性较高时，则会支持企业选择投资性房地产公允价值计量模式；当样本人群认为公允价值的价值相关性较低时，则不会支持企业选择投资性房地产公允价值计量模式，这说明专业人士是否支持企业选择投资性房地产公允价值计量模式与其对公允价值价值相关性的认知有关。

表 5-5　是否支持企业选择投资性房地产公允价值计量模式与价值相关性的交叉

指标	是否支持	平均值	标准偏差	t 检验
企业披露的投资性房地产公允价值与企业实际价值的关联性	支持	3.658	1.308	8.15**
	不支持	2.481	1.166	
企业披露的投资性房地产公允价值的信息内容有用性	支持	3.658	1.301	7.059**
	不支持	2.589	1.270	
企业披露的投资性房地产公允价值的信息能否满足您的需要	支持	3.487	1.324	6.211**
	不支持	2.535	1.281	
企业披露的投资性房地产公允价值信息与企业投资者决策的关联性	支持	3.521	1.317	6.211**
	不支持	2.465	1.260	
企业披露的投资性房地产公允价值的信息对信息使用者决策的支持力	支持	3.598	1.327	7.45**
	不支持	2.476	1.243	

5.5.2　投资性房地产公允价值的可靠性调查结果

如表 5-6 所示，"信任企业披露的投资性房地产公允价值的相关信息"的均值为 2.712，说明当前大部分专业人士并不信任我国企业披露的投资性房地产公允价值信息。此外，"做相关投资决策时会以企业披露的投资性房地产公允价值为基础"的均值为 2.662，说明当前大部分专业人士在进行投资决策时，并不会主要参考企业披露的投资性房地产公允价值信息。"企业使用公允价值计量的投资性房地产价值的真实性"的均值为 2.763，可见，目前大部分企业披露的投资性房地产公允价值信息受到专业人士的质疑。在公允价值可验证性方面，对应的均值为 2.560，这一结论支持大部分人认为公允价值存在不可验证性。"企业使用公允价值计量的投资性房地产价值的偏差程度"均值为 2.464，这说明大部分专业人士认为当前的投资性房地产价值信息存在较大偏差。可见，大部分专业人士认为当前的投资性房地产公允价值的可靠性较低。

表 5-6 投资性房地产公允价值的可靠性调查结果

指标	最小值	最大值	均值	标准偏差
信任企业披露的投资性房地产公允价值的相关信息	1	5	2.712	1.233
做相关投资决策时会以企业披露的投资性房地产公允价值为基础	1	5	2.662	1.181
企业使用公允价值计量的投资性房地产价值的真实性	1	5	2.763	1.152
企业使用公允价值计量的投资性房地产价值是否可验证	1	5	2.560	1.165
企业使用公允价值计量的投资性房地产价值的偏差程度	1	5	2.464	1.089

根据表 5-7 中的研究结果，我们发现在可靠性方面，对于企业选择采用投资性房地产公允价值计量模式的人群和不支持该选择的人群之间存在显著差异。对于支持企业采用公允价值计量模式的人来说，他们对企业披露的投资性房地产公允价值相关信息的信任程度较高，评分达到了 3.120；而不支持的人得分仅为 2.454，这表明，样本人群对企业披露的投资性房地产公允价值相关信息的信任程度与其对企业选择公允价值计量模式的支持程度密切相关。此外，支持企业选择公允价值计量模式的人在做相关投资决策时更倾向于以企业披露的投资性房地产公允价值为基础，得分为 3.051，而不支持的人得分为 2.416，表明在这一方面存在明显的认知差异。支持公允价值计量模式的人对企业使用公允价值计量的投资性房地产价值的真实性也持更高的评价，得分为 3.128，而不支持的人得分为 2.541，这进一步表明他们对企业选择公允价值计量模式的支持。此外，支持和不支持企业选择公允价值计量模式的人在企业使用公允价值计量的投资性房地产价值是否可验证以及价值的偏差程度方面也存在显著差异。综上所述，当样本人群认为公允价值的可靠性较高时，他们更倾向于支持企业选择投资性房地产公允价值计量模式，这表明专业人士是否支持企业选择公允价值计量模式与他们对公允价值可靠性的评价密切相关。

表 5-7 是否支持企业选择投资性房地产公允价值计量模式与可靠性的交叉

指标	是否支持	平均值	标准差	t 检验
信任企业披露的投资性房地产公允价值的相关信息	支持	3.120	1.294	4.728**
	不支持	2.454	1.123	
做相关投资决策时会以企业披露的投资性房地产公允价值为基础	支持	3.051	1.258	4.712**
	不支持	2.416	1.061	
企业使用公允价值计量的投资性房地产价值的真实性	支持	3.128	1.164	4.45**
	不支持	2.541	1.088	
企业使用公允价值计量的投资性房地产价值是否可验证	支持	2.880	1.274	3.894**
	不支持	2.357	1.044	
企业使用公允价值计量的投资性房地产价值的偏差程度	支持	2.692	1.178	2.939*
	不支持	2.319	1.006	

可见，现阶段的国内投资性房地产公允价值的价值相关性和可靠性并未完全体现出来，其在价值相关性和可靠性方面并未表现出明显优势。

5.5.3 影响投资性房地产公允价值价值相关性和可靠性的因素调查分析

本书对影响投资性房地产公允价值计量模式可靠性的因素进行分析，将选项对某种因素的认同度达到"一般、比较同意、非常同意"的均归为认同该因素。得到的具体结果如表 5-8 所示，认为投资性房地产公允价值计量模式与可靠性受到价值估算方法/模型影响的占比最大，为 68.5%。其次为"企业财务人员/资产评估者的主观影响，占比为 68.2%。此后为"企业管理层"占 67.2%，说明当前大部分专业人士认为投资性房地产公允价值计量模式与可靠性受到的人为操作的影响较大，存在较大的主观影响因素。基于当前大部分企业财务负责人以及相关领域的专家和学者认为投资性房地产公允价值的价值相关性和可靠性均较低是受到主观因素的影响较大。管理层的干预以及财务人员或是其他评估人员的估值偏差对投资性房地产公允价值计量模式与可靠性的影响较大。

表 5-8 投资性房地产公允价值计量模式与可靠性影响因素的调查结果

影响因素	占比 /%
房地产市场因素	65.50
地理环境	55.00
当前评估单位的水平	54.00
企业财务人员/资产评估者的主观影响	68.20
价值估算方法/模型	68.50
企业管理层	67.20

本文进一步通过投资性房地产公允价值计量模式价值相关性与可靠性与影响因素的相关系数，分析各影响因素与表 5-9 显示了房地产市场因素、评估者的主观影响、评估单位的水平、地理环境、价值估算方法、企业管理层与公允价值价值相关性和可靠性存在显著的正相关（$p<0.05$）。

表 5-9 价值相关性与可靠性和影响因素的相关性分析

影响因素	价值相关性	可靠性	房地产市场因素	评估者的主观影响	评估单位的水平	地理环境	价值估算方法	企业管理层
价值相关性	1							
可靠性	0.302**	1						
房地产市场因素	0.296**	0.381**	1					
评估者的主观影响	0.346**	0.406**	0.716**	1				
评估单位的水平	0.294**	0.385**	0.713**	0.723**	1			
地理环境	0.302**	0.401**	0.761**	0.800**	0.709**	1		
价值估算方法	0.204**	0.378**	0.826**	0.732**	0.667**	0.748**	1	
企业管理层	0.240**	0.412**	0.811**	0.733**	0.732**	0.773**	0.793**	1

5.6 支持企业采用投资性房地产公允价值计量模式的影响因素

本书以是否支持企业选择公允价值计量模式为因变量，以价值相关性和可靠性的调查结果为自变量，建立二元逻辑回归模型，得到的回归结果如表5-10所示。其中，价值相关性的系数估算值为0.804（p=0.000<0.001），这意味着投资性房地产公允价值的价值相关性对是否支持企业选择公允价值计量模式有正向影响；可靠性系数估算值为0.331（p=0.013<0.05），这表明投资性房地产公允价值的可靠性正向影响企业对公允价值计量模式的选择。高价值相关性和可靠性会促使专业人士支持其他企业采用公允价值计量模式。

表5-10 是否支持投资性房地产公允价值计量模式的二元逻辑回归结果

影响因素	B	标准差	瓦尔德	自由度	显著性
价值相关性	0.804	0.129	38.755	1	0
可靠性	0.331	0.132	6.232	1	0.013
常量	−3.836	0.529	52.607	1	0
Omnibus检验			67.85**（0.000）		
Hosmer and Lemeshow 检验			5.965（0.651）		
2 Log likelihood			335.367		
Cox & Snell R^2			0.201		
Nagelkerke R^2			0.273		

5.7 投资性房地产公允价值价值相关性与可靠性的拓展性分析

就投资性房地产公允价值价值相关性与可靠性的调查结果而言，目前，我国企业披露的投资性房地产公允价值具有一定的价值相关性与可靠性，但是整体表现为价值相关性和可靠性均较低的结果。通过分析2015~2019年我国采用投资性房地产公允价值计量模式的企业的公允价值相关性与可靠性的量化指标，我们可以进一步检验当前国内上市公司投资性房地产公允价值的价值相关性与可靠性。

当前国内外对投资性房地产公允价值价值相关性与可靠性的量化分析较少，本文基于公允价值的 Ohlson 剩余收益计量模型，结合陈晨（2014）提出的公允价值变动指数测算模型。通过以下公式对投资性房地产公允价值的价值相关性和可靠性进行检验：

$$FVCI = FVEY / FVBY * 100$$

$$FVVC = \frac{1}{N} \sum_{i=1}^{N} (FVCI_i - AREP)^2$$

$$FVRA = \frac{1}{N} \sum_{I=1}^{N} (FVCI_i - \overline{FVCI})^2 + (\overline{FVCI} - \overline{AREP})^2$$

$FVBY$ 表示企业年初投资性房地产公允价值；$FVEY$ 表示企业年末投资性房地产公允价值；$FVCI$ 表示投资性房地产公允价值变动值；$\overline{FVCI}$ 表示投资性房地产公允价值变动的平均水平；$AREP$ 表示样本企业所在地区的房地产市场的房价指数平均水平；$\overline{AREP}$ 为同年房价指数平均水平；$FVVC$ 表示投资性房地产公允价值的价值相关性，当 $FVVC$ 越小，说明投资性房地产公允价值与市场上的房价相关性越强，即公允价值的价值相关性越高；$FVRA$ 表示投资性房地产公允价值的价值可靠性，当 $FVRA$ 越小，说明公允价值的可靠性越高。

本书对 2015~2019 年 391 家采用了投资性房地产公允价值计量模式的企业的投资性房地产公允价值变动情况进行分析，并在此基础上检验公允价值的价值相关性和可靠性，具体结果如表 5-11 所示。

表 5-11 投资性房地产公允价值的价值相关性和可靠性检验结果

变量	2015 年	2016 年	2017 年	2018 年	2019 年
$FVCI$	124.73	125.35	122.27	122.65	123.33
$AREP$	112.36	113.21	114.83	111.28	112.65
$FVVC$	153.0169	147.3796	55.3536	129.2769	114.0624
$FVRA$	292.078	221.043	192.336	201.807	234.155

根据检验结果可知，2015~2017 年，投资性房地产公允价值的价值相关性表

现为逐年加强，但是 2015 年和 2016 年的 $FVVC$ 均大于 100，分别为 153.0169、147.3796，数值较大，说明 2015 年和 2016 年的投资性房地产公允价值的价值相关性较低，到 2017 年投资性房地产公允价值的价值相关性有了明显提高，$FVVC$ 下降至 55.3536。但是到 2018 年，$FVVC$ 又上升至 129.2769，远大于 2017 年，到 2019 年，$FVVC$ 虽然有所下降，但是仍然大于 100，依旧较大，说明 2015~2019 年投资性房地产公允价值的价值相关性评估结果有明显波动，但整体上投资性公允价值的价值相关性表现为较低。此外，2015~2017 年，投资性房地产公允价值的可靠性也表现为逐年加强趋势，但是加强趋势较不明显，2015~2017 年的 $FVRA$ 均较大，分别为 292.078、221.043、192.336，说明 2015 年和 2017 年的投资性房地产公允价值的可靠性较低，2017~2019 年，$FVRA$ 又表现出上升趋势，则投资性房地产公允价值的可靠性表现为逐年下降趋势。这主要是由于我国目前缺乏投资性房地产公允价值价值相关性和可靠性方面的评估标准，整个评估水平有待进一步提升，同时也反映出对投资性房地产公允价值的评估存在随意和主观操作的可能。

5.8 本章小结

在针对当前国内投资性房地产公允价值的价值相关性和可靠性方面的调查中，我们采用上市公司财务人员和财务领域的专业人士进行联合参与的方式，得到当前专业人士对投资性房地产公允价值的价值相关性和可靠性熟悉度较高，但是对其评价并不高。进一步通过线性回归分析得到，由于受到公允价值的价值相关性和可靠性的影响，专业人士对于是否采用公允价值模式计量投资性房地产持审慎态度：他们认为公允价值较高的价值相关性和可靠性可引起企业选择该计量模式。但是基于当前我国上市企业披露的公允价值的价值相关性和可靠性均不高的现状，选择投资性公允价值计量模式的企业数量逐年增加，则有理由从企业自身分析其选择投资性公允价值计量模式的动机。

6 投资性房地产公允价值计量模式选择动机的实证分析

基于本书前面部分的相关分析，当前大部分企业财务负责人以及相关领域的专家和学者认为投资性房地产公允价值的价值相关性和可靠性不高，这种情况下，价值相关性和可靠性并不能成为企业选择投资性房地产公允价值计量模式的主因，企业仍然选择投资性房地产公允价值计量模式很有可能是出于自身利益的考虑。因此，本章将从企业内部动机的角度出发，深入剖析选择投资性公允价值计量模式的内在原因和动机。并且认为企业为了提高财务信息，应对信息不对称性，进而选择公允价值激励模式；或是根据会计选择动机的观点，企业可能为了薪酬管理、内部管理和股价、债务管理等假设选择投资性房地产公允价值计量模式。因此，本章从机会主义动机和提供更高质量的财务信息动机两个方面进行分析。基于此提出对应假设，并使用二元逻辑回归方法进行检验，进一步确定投资性房地产公允价值计量模式的选择动机。

6.1 研究假设

动机可以分为机会主义动机、提供更高质量的会计信息的动机两种，本章试图用经验证据来验证，到底哪一类动机对上市公司在后续计量中采用公允价值计量模式处于支配地位。

6.1.1 投资性房地产公允价值计量模式与财务信息质量

当前许多学者认为企业投资性房地产计量模式的变化与财务信息质量之间具有紧密的相关性。法里尔（Fargher，2014）认为在公允价值计量中，允许管理层在公允价值计量方面拥有更多的自由裁量权会对财务报告质量产生不利影响。但是部分学者认为公允价值计量的应用下，强制性要求进行公允价值方面的信息披露，可以增强投资者对不可预测投入的判断，因此为了提高信息披露质量，部分企业会选择使用公允价值计量模式。埃里瓦等（Eliwa Y et al.，2016）认为FASB

公允价值计量准则（ASC 820-10）的实施可改善财务报告质量。特别在衡量不可观测的投入时，可以增强信息披露。同时部分学者认为使用公允价值计量是为了有效降低投资者之间的信息不对称性，进而对企业的风险收益产生作用。方特斯（Fontes J. C.，2018）指出对于商业银行而言，使用公允价值计量能够降低财务信息不兑现性，且资产的公允价值计量与银行的整个信息环境质量的差异性存在显著相关。周晓惠（2015）指出投资性房地产采用公允价值计量模式之前的信息不对称性，会对上市公司在后续计量中采用公允价值计量模式具有明显的作用。

在保证财务信息的相关性和可靠性的前提下，国内企业选择公允价值计量模式具有一定的必然性。企业使用投资性公允价值计量模式来增强财务方面利好信息的披露，因此，本书提出提高财务信息质量的动机假设。

假设 H1：采取公允价值计量模式之前的财务信息质量越差的企业，其投资性房地产采用公允价值计量模式可能性越大。

6.1.2　投资性房地产公允价值计量模式与公司业绩盈亏

基于现有的公允价值计量模式的选择动机方面的研究成果可知，认为当前企业投资性房地产选择公允价值计量模式的动因较多且较为复杂。但是基于当前资本市场对上市公司的盈亏情况具有一定的监管作用，国资委对上市企业的资产负债率也提出一定的要求，不符合国资委资产负债率要求的上市公司，会存在经营风险。因此投资性房地产公司为了提升企业的经营业绩，降低企业的负债率，部分公司选择公允价值计量模式。虽然成本计量模式也可以帮助企业降低报告负债率，但是成本计量模式对于收益的处置需要缴纳各种税费，公允价值计量模式对于各种花费的节约，成为上市公司选择的有利条件。同时结合已有的研究可知，公允价值计量模式选择与公司的损益情况密切相关。王福胜、程富（2014）基于实证分析得到管理者选择投资性房地产公允价值计量模式是为了提高企业的业绩。通过分析公允价值与财务指标的相关性，验证了公允价值计量模式与企业财务的损益表中的财务指标相关性最大，其中作为衡量公司整体损失和盈利情况的净利润与公允价值计量模式的相关程度最高（Walid & Elsayed E.l. et al.，2017）。可见，公司的财务损益管理是其采用公允价值计量模式的一大动因。当前大部分公司通过公允价值计量模式来管理企业的收益，强调当前越是想要促进收益的公司，越趋于选择公允价值计量模式（Dudycz T & Praźników J.，2020）。可见，从企业的损益管理角度来说，大部分企业选择使用公允价值计量模式来降低企业损失，提高收益。而从企业的财务风险管理的角度来说，企业的亏损越严重，则企业的财务风险越大，为了规避财务风险，大部分企业也会采取公允价值计量模式。通过实证证明公司无法有效规避亏损,进而导致企业的财务风险加大,而采取公允价值计量模式则可有效降低企业的财务风险,可见,大部分公司使用公允价值计量模式与公司的亏损呈正相关。同时基于资本市场监管的角度分析,亏损严重的企业具有更强的市场监管规避动机,倾向于在不增加税负的情况下直接增加当期收益,而投资性房地产在公允价值计量模式下,则可实现企业的这一需求。

因此,越是亏损的企业,为了有效的"美好"利润表,减少亏损和规避市场监管,其投资性房地产越容易采取公允价值计量模式。基于此,本书提出增加盈利,规避亏损和市场监管的动机假设。

假设 H2:选择公允价值计量模式之前亏损越大的公司,越容易在投资性房地产选择公允价值计量模式。

6.1.3 投资性房地产公允价值计量模式与公司债务融资

当前部分企业会使用公允价值向债权人传递资产清算价值,可见,对于企业债务融资而言,资产负债率作为企业债务融资规模的衡量指标,企业资产负债率越高,则企业的融资规模越大,而企业融资规模越大,则企业债务融资能力越强。目前,部分企业将公司的债务以债券的形式转移到其他投资主体上。为了满足发行债券的需求,投资性房地产公司需要对公司的实力以及偿债能力进行提升,以符合投资者的考核需求,大部分房地产公司开始采用公允价值计量模式,可见,公允价值计量模式的应用与企业的债务融资需求之间具有紧密的联系。本书以 2007~2012 年首次选择公允价值模型计量投资性房地产的中国上市公司为样本,基于二元逻辑回归模型的结果得到选择公允价值模型衡量投资性资产的概率与公司的资产负债率呈正相关。而部分学者认为公允价值计量模式的采用,能提高企业债务融资的可能性。以公允价值计量金融资产和投资性房地产,可为其他资产估值和企业负债提供潜在基础(Linsmeier T. J.,2016)。部分学者则认为企业越是有债务融资需求,其投资性房地产采用公允价值计量模式的可能性越大。本书试图考察《国际财务报告准则》(IFRSs)中的公允价值概念在印度会计准则中的适应性程度。通过实证分析出使用公允价值计量模式的公司比使用历史成本的公司更依赖债务融资。公允价值计量模式的使用能够有效促进债务融资,验证了有形资产的公允价值调整与收购公司在交易后的三年内发行的大量新债券有关,同时还与发行更廉价、有担保的长期债务以及更可能拥有资产负债表契约的债务有关(Aleszczyk A 等,2020)。

因此,本书认为企业采用公允价值计量模式可以"改善"资产负债表,企业采用公允价值计量模式具有提高企业债务融资需求和提高债务融资能力的动机，提出假设。

假设 H3：长期负债比率与公允价值计量的概率呈正相关。

假设 H4：债务的期限与公允价值选择的概率呈正相关或负相关。

6.1.4　投资性房地产公允价值计量模式与企业的成长性

投资性房地产作为企业资产的一个特殊组成部分，其计量模式的变化与企业资本息息相关。公允价值层级数据实际上反映了三个层次的结构，包括测量误差、信息不对称和信息风险。当使用公允价值第三层级的输入值时，投资性房地产的公允价值计量模式会直接影响企业的资本结构，从而对企业的财务信息产生明显影响。

因此，本书提出可以有效地"改善"企业相对价值和成长状况方面的财务指标，基于此，企业越要凸显成长性，则投资性房地产越可能采用公允价值计量模式，由此提出假设。

假设 H5：使用投资性房地产公允价值计量模式前总资产增长率越低的企业，越会选择使用公允价值计量模式。

6.1.5　投资性房地产公允价值计量模式与高层管理者的绩效激励

目前，大多数企业存在明显的管理层与企业所有者之间的区别。企业所有者通过将管理权委托给管理层来管理企业。在代理关系中，管理层的薪酬与公司盈利能力密切相关。公司的盈利水平反映了其业绩表现，随着盈利的增加，管理层的薪酬也会相应提高。因此，为了追求更高的薪资，绝大多数企业管理者对收益的不确定性进行调整和管理。公允价值的不确定性提高了企业对账面收益进行操纵的可能性。侯晓红、郭雅（2013）认为，在委托代理模式下，采用公允价值计量方式与公司管理层的薪酬体系存在直接联系。

综合以上分析，鉴于管理者的薪酬与业绩息息相关，他们更倾向于使用投资性房地产的公允价值计量模式，以此来操控企业的利润，从而提升个人的薪酬水平。因此，本书提出一个关于高管薪酬动机的假设。

假设 H6：高管薪酬增长越慢、比例越低的公司，越有可能选择公允价值模式计量其投资性房地产。

由于委托代理模式的影响，当公司的利润与高级管理人员的激励措施紧密相关时，这些管理高层会为了提升账面业绩，选择进行盈余管理。这种盈余管理方式由于公允价值的不确定性和留有的操作余地，给予了高管操作的可能性。企业高管会利用公允价值计量中的众多估算数据来操纵公司的利润，以实现他们预期的财务目标。为了遏制此类情况，本书有必要进一步加强会计信息的对外信息披露（Catherine Shakespeare，1999）。CEO 经常会采取公允价值的方式来优化和增强公司的盈利表现，也就是进行盈余管理，同时 CEO 也会因为公司的财务报告的收益得到合适的薪酬激励。显然，企业高管倾向于选择公允价值计量方式的主要原因在于他们希望通过这种方式增强对利润的操纵能力，以此获取相应的奖励（Patricia M. et al.，2009）。在公允价值计量模式中，有些公司的管理团队可以根据他们报告的收益获得激励。这种情况下，公司的管理层更倾向于采用公允价值计量模式，以操纵公司能够得到怎样的"利润"（Dechow P. M. & Myers L. A. 等，2010）。杨佳一（2016）提出，公允价值的变动性和不稳定的利润存在相互联系，而这种关系在企业管理层操控盈利方面的行为中也有体现。

考虑到公允价值的特性，众多企业高管倾向于采用公允价值计量模式以调整企业收益。因此，管理层操作盈余的倾向成为选择公允价值计量模式的一个重要动机。据此，本书提出假设。

假设 H7：投资性房地产公允价值计量模式与公司的盈余管理程度呈正相关。

6.1.6 投资性房地产公允价值计量模式与公司股票

虽然公允价值计量模式下的资产收益波动性强于历史成本收益，但是股票价格并不受这种波动性的影响，其不会反映增量的大幅波动。而公允价值计量模式下对市场监管的资本违规行为具有明显的预测性，这种预测性降低了股票价格的潜在市场监管的风险，因此，公允价值计量模式对于股票价格的非波动性提高有明显作用。可见，企业采用公允价值计量模式有提高股价的原因。蒂姆（Tim，2004）通过实证分析出对于有投资性房地产的企业而言，公允价值计量模式在反映企业真实的业绩过程中，可以美化账面的业绩情况，进而在降低投资者获取信息不对称性的同时，提高投资者或者市场股民对公司发展的信任，从而获得更高的股票价格。

本书认为企业对于公允价值计量模式的选择与其想要获取更高的股票价格有一定的联系，公司越想让股票价格上涨，就越有可能使用公允价值计量其投资性房地产。基于此，本书提出假设。

假设 H8：使用公允价值计量模式之前，公司的股票价格越低，其使用公允价值计量其投资性房地产的可能性越大。

6.2 变量与研究模型

6.2.1 确定变量

6.2.1.1 因变量

本书对公允价值计量模式的估值模型进行了进一步修正，结合实际情况对样本公司的投资性资产进行了更精确的计量。这样的修正使得我们能够更准确地评估企业的资产价值。在这一基础上，我们开展了一项研究，探讨了企业在计量模式选择方面的倾向。具体而言，我们将企业是否选择公允价值计量模式作为因变量进行了考察，将采用该模式的企业标记为1，而选择成本计量模式的企业标记为0。这一研究方法能够帮助我们更全面地了解企业在计量模式选择上的偏好和决策因素，为后续分析提供更准确的数据支持。

6.2.1.2 自变量

基于当前企业的财务信息披露情况，以财务信息披露的考评等级测量财务信息质量，财务信息披露考评等级越高，则财务信息质量越高。同时使用净利润测量企业的业绩盈亏情况，但是由于净利润的计量单位过大，为规避净利润的单位误差，进一步选择 z 标准化后的净利润作为衡量指标。z（净利润）越高，则说明企业的盈利情况越好，越不可能亏损；z（净利润）小于0，则说明企业出现亏损情况。对于债务融资需求，则使用长期负债率作为测量指标。长期负债率越高，说明企业的债务融资需求越大。在债务融资能力方面使用贷款期限作为测量指标，企业的平均贷款期限越长，则说明企业的债务融资能力越强。此外，针对企业的成长情况，使用总资产增长率作为评价指标。企业的总资产增长率越高，则说明企业的成长性越强。我们对企业高管的激励假设进行了深入探讨，并选用高管薪酬总额增长率作为高管薪酬增长的衡量指标，以评估他们在盈余管理方面的倾向性。为了更准确地反映潜在的盈余管理活动，我们采用修正后的 JONES 模型来计算可操纵性应计利润。利润量的增加意味着高管更倾向于进行盈余管理活动。在股票价格方面，我们选用股票面值作为测量指标，以进一步探究高管的激励对企业决策和行为的影响。这一研究方法的运用将有助于我们更全面地理解高管的激励机制对企业经营的影响，并为未来的研究提供更有力的数据支持。

6.2.1.3 控制变量

以往的研究结果显示，可以推测是否采用公允价值计量模式与公司规模之间可能存在一定的关联性。有学者研究了来自欧洲多国的房地产公司样本，发现选择使用公允价值计量模式与公司规模呈负相关关系。此外,他们还观察到公允价值选择与市场与账面比率之间也存在负相关关系。陈鹰(2010)通过实证分析指出账面市值比对于是否选择公允价值计量模式具有显著的解释效果。除此之外,企业的财务杠杆、成本与公司选择公允价值计量模式之间存在密切的相关性。鉴于此,本书采用企业规模、市值与账面比、财务杠杆作为控制变量进行研究,变量信息内容如表6-1所示。

表6-1 变量信息

代号	变量	测量指标	定义与计算方式
FVEM	公允价值计量模式	是否选择公允价值计量模式	采用公允价值计量模式=1,未采用公允价值计量模式=0
QOFI	财务信息质量	财务信息披露考评等级	1=不合格;2=合格;3=良好;4=优秀
PALS	盈亏情况	净利润	z-score(净利/总资产)
DFDF	债务融资需求	长期负债率	长期负债/总负债
ATFD	债务融资能力	贷款期限	以"年"为单位的期限计算
ECST	企业成长情况	总资产增长率	(年末总资产-年初总资产)/年初总资产
ECGR	高管薪酬增长比	高管薪酬总额增长率	(高管薪酬总额-前一年高管薪酬总额)/前一年高管薪酬总额
EMTM	盈余管理倾向	可操纵性应计利润	修正后的JONES模型
POTS	股票价格		年均股价
FISI	企业规模	总资产	Ln(总资产)
MCBR	市值与账面比		市值/总资产
FILE	财务杠杆		(净利润+所得税费用+财务费用)/(净利润+所得税费用)

6.2.2 研究模型

针对研究假设,因变量为是否选择公允价值计量模式,建立二元逻辑回归模型。

$$\ln\left(p_{FVEM=1}/1-p_{FVEM=1}\right) = \partial_0 + \partial_1 QOFI + \partial_2 PALS + \partial_3 DFDF + \partial_4 ATFD + \partial_5 ECST + \partial_6 ECGR + \partial_7 EMTM + \partial_8 POTS + \partial_9 FISI + \partial_{10} MCBR + \partial_{11} FILE + \varepsilon$$

6.3 样本选择与数据来源

本书选择 2015~2019 年全部拥有投资性房地产的 A 股市场的非 ST 上市公司作为初始研究样本。由于本章的实证分析模型所涉及指标的数据均为前一年的，因此后续实证部分所涉及自变量和控制变量的数据为投资性房地产公允价值计量模式应用前一年的数据，例如，2015 年的是否选择公允价值计量模式，对应解释变量的数据为 2014 年的观测数据。在进一步分析中，涉及投资性房地产公允价值计量模式的选择动机的统计分析，对应的数据实际观测期为 2015~2019 年。因此，基于下列条件剔除无效样本：① 2014~2019 年未有投资性房地产项目/合计的公司；② 2014~2019 年投资性房地产的财务核算为 0 的公司；③ 2014~2019 年存在暂停或是终止上市的公司；④ 2014~2019 年新上市的公司；⑤ 2014~2019 年相关指标缺失的公司，最终确定面板数据共 4463 个，其中有 389 个采用公允价值计量模式。本书使用的数据来自 CSMAR 数据库、RESSET 数据库。

6.4 描述性统计分析

6.4.1 描述性统计

首先对样本数据的财务信息质量、盈亏情况、债务融资需求、债务融资能力、资本结构、高管薪酬增长比、盈余管理倾向、股票价格情况进行描述性统计分析。从表 6-2 可知，样本企业的财务信息披露的评分均值为 1.90，标准差为 0.637，可见，当前大部分样本企业的财务信息披露的评分较低，趋于不合格。当前样本企业的盈亏情况均值为 0，标准差为 1，可见，大部分企业的盈亏情况处于盈利与亏损持平阶段。当前企业的债务融资需求和融资期限的均值分别为 0.166678、1.699812，标准差为 0.1730960、1.9738610，结合最大值和最小值可知样本企业之间的债务融资需求和融资能力的差距较大。此外，结合当前样本企业的总资产增长率、高管薪酬增长比、盈余管理倾向、股票价格可知，样本企业之间的资本结果以及高管激励和股价方面均存在明显差异。

表6-2 描述性统计分析

变量	N	最小值	最大值	均值	标准偏差
QOFI	4463	1	4	1.90	0.637
PALS	4463	−4.79947	19.37282	0	1
DFDF	4463	0	0.9625	0.166678	0.1730960
ATFD	4463	0.1600	36.0000	1.699812	1.9738610
ECST	4463	−0.7253	47.9275	0.272310	1.1717407
ECGR	4463	−1.0000	64.3773	0.116020	1.1294565
EMTM	4463	−1.7428	15.4924	0.000975	0.2741697
POTS	4463	0.6380	186.0000	11.695790	9.0183186

6.4.2 两种计量模式的差异性对比

进一步对投资性房地产两种计量模式下的财务信息质量、盈亏情况、债务融资需求、债务融资能力、资本结构、高管薪酬增长比、盈余管理倾向、股票价格进行对比，结合均值与方差检验，结果如表6-3所示。运用历史成本计量模式前的财务信息质量、盈亏情况、债务融资能力、资本结构、高管薪酬增长比、股票价格均高于运用公允价值计量模式，而运用公允价值计量模式前的企业债务融资需求则显著高于运用历史成本计量模式，但是盈余管理倾向并不因为公司是采用成本计量模式还是公允价值计量模式而产生太大差异，这说明企业的盈余管理倾向与投资性房地产采用何种计量模式没有显著关联。

表6-3 两种计量模式下的解释变量差异性检验结果

变量	历史成本计量模式	公允价值计量模式	F
QOFI	1.93	1.64	74.808**
PALS	0.0433967	−0.4544942	89.778**
DFDF	0.139649	0.449751	1530.277**
ATFD	1.757428	1.096401	40.174**
ECST	0.306871	−0.089651	41.029**
ECGR	0.157943	−0.323031	65.323**
EMTM	0.0008	0.002803	0.019
POTS	11.910089	9.45144	26.544**

6.5 相关性分析

表6-4显示了是否使用公允价值计量模式与财务信息质量、盈亏情况、债务融资能力、资本结构、高管薪酬增长、股票价格存在显著负相关（$p<0.05$），与债务融资需求则存在显著正相关（$p<0.01$），但是与盈余管理倾向之间则不存在显著的相关性（$p>0.05$）。此外，是否使用公允价值计量模式与市值和账面比、企业规模之间存在显著负相关（$p<0.05$）。与财务杠杆存在显著正相关。当前各项指标之间的两两相关系数绝对值均未超过0.3，包括财务信息质量、盈亏状况、债务融资需求、债务融资能力、资本结构以及高管薪酬增长，这表明目前这些变量之间不存在明显的多重共线性问题。

表6-4 各变量的相关性分析结果

变量	FVEM	QOFI	PALS	DFDF	ECST	EMTM	ECGR	POTS	FILE	MCBR	ATFD	FISI
FVEM	1											
QOFI	–0.128**	1										
PALS	–0.140**		1									
DFDF	0.505**	–0.044**	–0.073**	1								
ECST	–0.095**	–0.005	0.045**	–0.059**	1							
EMTM	0.002	0.004	–0.005	0.015	–0.006	1						
ECGR	–0.120**	–0.007	0.017	–0.039**	0.021	–0.011	1					
POTS	–0.077**	0.01	–0.002	–0.201**	0.009	0.015	–0.011	1				
FILE	0.036*	0.002	–0.009	0.018	–0.014	–0.004	–0.013	–0.009	1			
MCBR	–0.061**	–0.011	0.032*	–0.033*	0.027	–0.009	0.028	–0.02	–0.011	1		
ATFD	–0.094**	0.01	0.007	–0.027	–0.007	–0.007	0.032*	0.002	0.009	0.018	1	
FISI	–0.180**	0.014	–0.003	–0.085**	0.278**	0.002	0.063**	0.024	0.006	–0.034*	0.021	1

** 在0.01级别（双尾），相关性显著。* 在0.05级别（双尾），相关性显著。

6.6 二元逻辑回归分析及实证结果

6.6.1 二元逻辑回归模型

在将因变量设定为是否选用公允价值计量模式的基础上，组建二元逻辑回归模型，得到的回归结果如表6-5所示。其中财务信息质量的系数估算值为–0.801

（p=0.000<0.001），意味着采用公允价值计量模式前的财务信息质量对是否选择公允价值计量模式有负向影响；企业盈亏情况系数估算值为 –5.698（p=0.000<0.01），意味着采用公允价值计量模式前的财务信息质量对是否选择公允价值计量模式产生显著的负向影响。债务融资需求的估算值为正，且在 0.001 水平上显著，说明采用公允价值计量模式前的债务融资需求越高，企业越可能选择公允价值计量模式。此外，企业的债务融资能力、总资产增长率、股票价格的系数估算值也均在 0.01 水平上显著，且符号均为"–"，这说明其投资性房地产公允价值计量模式采用前的企业债务融资能力越低、总资产增长率越小、股票价格越低，企业越可能选择公允价值计量模式。此外，该模型中，盈余管理倾向的系数估计值不显著，这说明企业选择公允价值计量模式前的企业盈余管理倾向不对是否使用公允价值计量模式产生显著作用。而控制变量，即企业规模、财务杠杆、市值与账面比与是否使用公允价值计量模式在 0.05 水平上没有显著的相关性。

表 6-5 二元逻辑回归结果

变量	B	标准误差	瓦尔德	自由度	显著性
QOFI	–0.801***	0.188	18.101	1	0.000
PALS	–5.698***	0.915	38.758	1	0.000
DFDF	10.591***	0.779	184.904	1	0.000
ATFD	–0.466**	0.139	11.315	1	0.001
ECST	–16.855***	1.348	156.266	1	0.000
ECGR	–6.463***	0.576	125.681	1	0.000
EMTM	0.087	0.232	0.141	1	0.707
POTS	–0.064**	0.022	8.35	1	0.004
FILE	0.017	0.019	0.852	1	0.356
MCBR	–0.288	0.192	2.246	1	0.134
FISI	0.312	0.187	2.785	1	0.095
常量	–11.062	4.252	6.769	1	0.009
Omnibus 检验		2119.192***（0.000）			
Hosmer and Lemeshow 检验		5.826（0.667）			
2 Log likelihood		522.19			
Cox & Snell R^2		0.378			
NagelkerkeR^2		0.846			

*** 在 0.001 级别（双尾）显著，** 在 0.01 级别（双尾）显著。

6.6.2 实证结果

通过对估值模型计量拥有投资性房地产企业是否采用公允价值计量模式的企业整理，进一步进行描述统计、回归分析之后，根据实证结果可以看出，是否选择公允价值计量模式与采用公允价值计量模式之前的财务信息质量、盈亏情况、债务融资需求、债务融资能力、高管薪酬增长比、资本结构、股票价格具有显著的相关性。通过二元逻辑回归分析验证可知，财务信息质量、盈亏情况、债务融资需求、债务融资能力、高管薪酬增长比、资本结构、股票价格的影响系数估计值具有显著性，可见，这些因素是影响拥有投资性房地产企业是否选择公允价值计量模式的重要因素。关于前文提出的研究假设验证结果如下：研究假设 H1、H2、H3、H4、H5、H6、H8 均得到支持，但现有的结论不支持 H7。

6.6.3 倾向得分匹配分析

为了检验上述结论是否受到样本选择偏差影响，本文使用倾向得分匹配法来进行稳健性检验，分别将某一回归估值系数显著的自变量按照特征进行分组，并作为指示变量，进而基于不同的指示变量，得到倾向得分匹配序列，而后使用双重差分邻匹配法得到控制组，并以实验组和控制组为分组变量，建立差异性检验，其中连续变量为均值差异对比，有序变量为卡方对比，当实验组和控制组的自变量和控制变量差异性检验并不显著，而因变量的差异性检验显著时，这说明指示变量对因变量的影响显著，且验证表 6–5 的研究结果通过内生性检验。

6.6.3.1 选择财务信息质量特征作为指示变量

将等级为 1 的设定为财务信息披露考核不合格，将等级为 2、3、4 的设定为财务信息披露考核合格建立 Logit 模型得到倾向打分结果。其中，实验组是财务信息质量合格的样本企业，控制组为财务信息质量不合格的样本企业，得到是否选择投资性房地产公允价值计量模式存在明显差异（卡方检验结果为 16.247，p 值 =0.000），而其他自变量的独立 t 值检验结果不显著（$p>0.05$），可得财务信息质量越好的企业越不可能选择投资性房地产公允价值计量模式，如表 6–6 所示。

表 6-6 倾向得分匹配分析结果（一）

变量	控制组	实验组	比较结果	
FVEM	907	159	chi2=16.247***	p=0.000
PALS	−0.12328	−0.02819	t=−1.885	p=0.06
DFDF	0.19913	0.17386	t=1.850	p=0.065
ATFD	1.51561	1.515362	t=−1.279	p=0.201
ECST	0.18256	0.30456	t=−1.897	p=0.058
ECGR	0.29111	0.0799	t=1.493	p=0.136
EMTM	−0.00023	−0.00377	t=0.410	p=0.682
POTS	11.02622	11.69516	t=−1.330	p=0.184

*** 在 0.001 级别（双尾）显著。

6.6.3.2 选择企业盈亏特征作为指示变量

将企业净利润大于 0 的设定为企业盈利组，将企业净利润小于 0 的设定为企业亏损组，建立 Logit 模型得到倾向打分结果。其中，实验组是盈利的样本企业，控制组为亏损的样本企业，得到是否选择投资性房地产公允价值计量模式存在明显差异（卡方检验结果为 146.022，p 值 =0.000），而其他自变量的独立 t 值检验结果不显著（p>0.05），可得越是盈利的企业越不可能选择投资性房地产公允价值计量模式，如表 6-7 所示。

表 6-7 倾向得分匹配分析结果（二）

变量	控制组	实验组	比较结果	
FVEM	2935	389	chi2=146.022***	p=0.000
QOFI	3324	1139	chi2=1.839	p=0.607
DFDF	0.131	0.122	t=1.776	p=0.198
ATFD	1.685	1.737	t=0.379	p=0.538
ECST	0.108	0.148	t=1.619	p=0.202
ECGR	0.102	0.07	t=1.783	p=0.182
EMTM	0.004	−0.001	t=0.176	p=0.675
POTS	11.476	12.001	t=−1.924	p=0.166

*** 在 0.001 级别（双尾）显著。

6.6.3.3 选择企业长期资产负债率特征作为指示变量

以长期资产负债率的中位数为分割点,将长期资产负债率大于中位数的设定为企业融资高需求组,将长期资产负债率小于中位数的设定为企业融资低需求组,使用二元 Logit 模型得到倾向打分结果,而后使用独立 t 值检验法和卡方检验倾向得分后的高长期资产负债率、低长期资产负债率两小组的各变量差异,得到是否选择投资性房地产公允价值计量模式存在明显差异(卡方检验结果为 102.076,p 值 =0.000),而其他自变量的独立 t 值检验结果不显著($p>0.05$),可得高长期资产负债率企业组选择投资性房地产公允价值计量模式的可能性远远高于低长期资产负债率企业组,如表 6–8 所示。

表 6–8 倾向得分匹配分析结果(三)

变量	控制组	实验组	比较结果	
FVEM	2035	718	$chi2$=102.076***	p=0.000
QOFI	1533	1220	$chi2$=3.426	p=0.331
PALS	−0.209	−0.221	t=1.813	p=0.178
ATFD	1.685	1.737	t=0.379	p=0.538
ECST	0.108	0.148	t=1.619	p=0.202
ECGR	0.102	0.07	t=1.783	p=0.182
EMTM	0.004	−0.001	t=0.176	p=0.675
POTS	11.476	12.001	t=−1.924	p=0.166

*** 在 0.001 级别(双尾)显著。

6.6.3.4 选择企业长期债务融资年限特征作为指示变量

以负债期限的中位数为分割点,将负债期限大于中位数的设定为高债务融资能力组,将负债期限小于中位数的设定为低债务融资能力组,使用二元 Logit 模型得到倾向打分结果,而后使用独立 t 值检验法和卡方检验倾向得分后的高债务融资能力、低债务融资能力两小组的各变量差异,得到是否选择投资性房地产公允价值计量模式存在明显差异(卡方检验结果为 93.763,p 值 =0.000),而其他自变量的差异性检验结果不显著($p>0.05$),可得债务融资年限短的企业选择投资性房地产公允价值计量模式的可能性远远高于债务融资年限长的企业,如表 6–9 所示。

表 6-9　倾向得分匹配分析结果（四）

变量	控制组	实验组	比较结果	
FVEM	2265	783	*chi*2=93.763***	*p*=0.000
QOFI	2625	795	*chi*2=4.629	*p*=0.201
PALS	−0.006	0.017	*t*=0.298	*p*=0.585
DFDF	0.18	0.173	*t*=1.327	*p*=0.108
ECST	0.281	0.263	*t*=0.027	*p*=0.869
ECGR	0.141	0.148	*t*=1.251	*p*=0.132
EMTM	0.003	−0.005	*t*=0.396	*p*=0.529
POTS	11.602	11.813	*t*=0.344	*p*=0.557

*** 在 0.001 级别（双尾）显著。

6.6.3.5　选择企业总资产增长特征作为指示变量

将总资产增长率大于或等于 0 的设定为总资产正增长组，将总资产增长率小于 0 的设定为总资产负增长组，使用二元 Logit 模型得到倾向打分结果，而后使用独立 *t* 值检验法和卡方检验倾向得分后的总资产正增长、总资产负增长的企业的各变量差异，得到是否选择投资性房地产公允价值计量模式存在明显差异（卡方检验结果为 120.469，*p* 值 =0.000），而财务信息质量的卡方检验结果（卡方检验结果为 6.383，*p*=0.094）以及其他自变量的独立 *t* 值检验结果不显著（*p*>0.05），可得总资产负增长的企业选择投资性房地产公允价值计量模式的可能性远远高于总资产正增长的企业，如表 6–10 所示。

表 6–10　倾向得分匹配分析结果（五）

变量	控制组	实验组	比较结果	
FVEM	2603	771	*chi*2=120.469***	*p*=0.000
QOFI	2625	771	*chi*2=6.383	*p*=0.094
PALS	0.211	0.303	*t*= −1.789	*p*=0.063
DFDF	0.121	0.125	*t*= −1.657	*p*=0.098
ATFD	1.659	1.792	*t*= −1.333	*p*=0.183
ECGR	0.106	0.089	*t*=0.742	*p*=0.458
EMTM	0.003	−0.005	*t*=0.649	*p*=0.516
POTS	11.413	11.801	*t*= −1.126	*p*=0.260

*** 在 0.001 级别（双尾）显著。

6.6.3.6 选择企业高管薪酬增长特征作为指示变量

将高管薪酬增长率大于 0 的设定为企业高管薪酬正增长组，将高管薪酬增长率小于 0 的设定为企业高管薪酬负增长组，使用二元逻辑模型得到倾向打分结果，而后使用独立 t 值检验法和卡方检验倾向得分后的高管薪酬正增长、高管薪酬负增长的企业的各变量差异，得到是否选择投资性房地产公允价值计量模式存在明显差异（卡方检验结果为 257.248，p 值 =0.000），而财务信息质量的卡方检验结果（卡方检验结果为 6.721，p=0.062）以及其他自变量独立 t 值检验结果不显著（p>0.05），可得低债务融资能力的企业选择投资性房地产公允价值计量模式的可能性远远高于高债务融资能力的企业，如表 6–11 所示。

表 6–11 倾向得分匹配分析结果（六）

变量	控制组	实验组	比较结果	
FVEM	2783	1680	chi2=257.248***	p=0.000
QOFI	2783	1680	chi2=6.721	p=0.062
PALS	0.024	0.048	t=−1.391	p=0.164
DFDF	0.212	0.229	t=−1.427	p=0.155
ATFD	1.658	1.705	t=−0.608	p=0.543
ECST	0.277	0.303	t=−1.731	p=0.102
EMTM	0.012	−0.004	t=1.441	p=0.15
POTS	11.486	11.898	t=−1.222	p=0.222

*** 在 0.001 级别（双尾）显著。

6.6.3.7 选择企业股票价格特征作为指示变量

以股票价格的中位数为分割点，将股票价格大于中位数的设定为股权价格较高组，将负债期限小于中位数的设定为股权价格较低组，使用二元逻辑模型得到倾向打分结果，而后使用独立 t 值检验法和卡方检验倾向得分后的股权价格较高、股权价格较低的企业的各变量差异，得到是否选择投资性房地产公允价值计量模式存在明显差异（卡方检验结果为 9.258，p 值 =0.000），而财务信息质量的卡方检验结果以及其他自变量的独立 t 值检验结果不显著（p>0.05），可得股票价格较低的企业选择投资性房地产公允价值计量模式的可能性远远高于股票价格较高的企业，如表 6–12 所示。

表 6–12　倾向得分匹配分析结果（七）

变量	控制组	实验组	比较结果	
FVEM	2417	831	chi2=9.258***	p=0.000
QOFI	2417	831	chi2=2.501	p=0.475
PALS	0.024	0.075	t=−2.448	p=0.083
DFDF	0.187	0.182	t=0.505	p=0.477
ATFD	1.714	1.683	t=0.149	p=0.699
ECST	0.266	0.240	t=0.467	p=0.494
ECGR	0.120	0.198	t=2.378	p=0.123
EMTM	−0.003	−0.003	t=0.001	p=0.994

*** 在 0.001 级别（双尾）显著。

使用倾向得分匹配法对估值模型计量拥有投资性房地产企业是否采用公允价值计量模式进行内生性检验，根据实证结果可以看出，是否选择投资性房地产公允价值计量模式的回归模型通过内生性检验，同时采用公允价值计量模式之前不同的财务信息质量、盈亏情况、债务融资需求、债务融资能力、高管薪酬增长比、资本结构、股票价格的特征组在是否采用公允价值激励模式方面存在显著差异。这些因素的多样特性会在投资性房地产企业决定是否采用公允价值计量模式时发挥重要作用。

6.7　进一步分析

投资性房地产企业在选择是否采用公允价值计量模式时，受到多种因素的综合影响。为了深入了解这些选择的动机，我们需要具体考察企业在采用公允价值模式后的财务数据变化情况，并据此进行详细分析和阐述。这些因素涵盖市场环境、财务稳定性、管理层预期、投资策略等多个方面，它们共同塑造了企业的计量模式选择态度。通过深入挖掘这些动机，我们可以更全面地理解企业的决策逻辑,为企业提供更实用的指导建议。

6.7.1 财务信息质量方面

年报的发布是上市公司对外传递财务信息的主要渠道,而投资者对于投资项目的选择,以及对于投资企业的审核,都要依托公司真实的财务信息。成本计量模式下,历史成本不具有时效性,与企业的财务信息相关性较低,无法对企业价值进行真实性反应,甚至会在评估过程中低估企业的价值,直接影响投资者的投资决策。公允价值计量模式与成本计量模式的显著区别在于,公允价值计量模式可以提供更准确、可靠的财务信息,是一种顺应时代发展而出现的新型计量模式。公允价值计量模式理论基础所表现出来的决策有用观和受托责任观,可以为决策者做出更合理的决策提供指导,因此,公允价值计量模式在投资中日益受到重视,从我国当前的房地产发展现状来看,财务信息质量的提高对于投资者投资决策的制定具有重要意义。

6.7.2 融资方面

6.7.2.1 满足融资需求

融资是上市投资性房地产公司发展的重要基础,为了获得更稳健和大规模的发展,上市投资性房地产公司普遍采用债券融资和股权融资的方式对外进行融资。但是在实际发展中,大部分上市投资性房地产公司首选金融机构借款的方式,对股票发行进行融资的方式使用较少,究其原因,主要是股票的发行审核程度复杂并且审核周期较长,此外,股票发行融资方式的使用,还会使公司面临着股权控制度被稀释的风险。金融机构对上市投资性房地产公司融资需求的满足,也需要对上市投资性房地产公司的整体实力、盈利以及偿债能力进行多方面审核评定,在当前我国房地产市场发展迅速的时代背景下,房地产业呈现出逐年上涨趋势。公允价值计量模式与成本计量模式不同,公允价值变化会计入当期损益中,使公司财务报表更能表现出公司的发展实力,使业绩发展趋势表现得更平滑。

从理论角度来说,公允价值计量模式的选择具有美化企业报表的作用,对资本结构的调整、企业资产价值的提升以及偿债能力的提升都具有积极作用。通过对2015~2019年投资性房地产采用公允价值计量模式企业的长期负债率进行对比分析可知,2015~2019年,采用公允价值计量模式之后,企业的长期负债率呈现递增趋势,且方差对比结果显示,2015~2019年采用公允价值计量模式企业的长期负债率差异显著,如表6-13所示。因此认为其投资性房地产选择公允价值计量模式之后，企业向金融机构申请的贷款数增加，从而获得更充足的贷款。

表6-13 采用公允价值模式的上市公司长期负债率的变化情况统计

年份	平均值	个案数	标准偏差	F
2015	0.002091	66	0.0018306	
2016	0.034948	71	0.0193849	
2017	0.098335	78	0.0189787	364.066**
2018	0.179439	85	0.0251189	
2019	0.375013	89	0.1423677	

** 在0.01级别（双尾）显著。

数据来源：根据2015~2019年企业年报数据加工整理。

6.7.2.2 提升融资能力

上市公司发展融资和借款，是主要的发展资金来源渠道，借款人是否进行借款，需要对上市公司的实力进行综合性考量，而公司报表是借款方了解企业实力的主要途径之一。大部分企业的管理层在公允价值报告方面的自由裁量权，使其选择各种允许的会计方法来报告更高的收益，用资产出售的时间来平稳地报告收益变化、净资产变化，并在筹集新债务之前提高公允价值，使企业展现出较高的融资能力。同时公允价值计量模式的使用，可以以最优段房地产价格，对公司的公允价值进行评估，从而降低折旧率，起到美化报表的作用，增强借款方的信心和信任度，为上市公司获得更多的借款机会。因此，投资性房地产公司为了获得更好的借款条件，会选择和运用公允价值计量模式。

6.7.3 盈利方面

6.7.3.1 改善经营业绩

金融市场发展竞争激烈，竞争现状异常残酷，为了规范金融市场的有序发展，我国证券交易所对公司的上市和退市条件都做出了严格规定。上海证券交易所规定，经营过程中连续两年出现亏损的情况，就需要接受退市风险警示处理（ST），出现连续三年亏损，公司即被暂停上市（*ST）。深圳证券交易所规定，连续出现三年亏损的公司，会被暂停上市。因此，投资性房地产公司为了稳定上市公司的地位，有效避免强制退市，部分存在退市风险警示处理和暂停上市问题的上市公司，通过盈余管理对下一年度的盈亏局面进行转变，而公允价值计量模式就是上市公司进行盈余管理的较为隐蔽的方法。公允价值计量模式可以顺应上市公司不断的变化，在投资性房地产公司房产价格呈现上升趋势时期，利用公允价值计量模式对后续的发展进行计量，企业可以通过降低折旧和摊销费用来获取当下的公允价值，促进公司经营业绩的提升。由于价格上升同比以往价格所体现出来的"剪刀差"使企业的经营业绩明显提升，因此决定了投资性房地产公司对于公允价值计量模式的选择。此外，上市公司对于是否采用公允价值计量模式具有自主选择权，投资性房地产公司基于自身的利益诉求，对计量模式进行变更使用，为投资性房地产公司的盈余管理奠定了基础。

6.7.3.2 提高净利润

CAS39的颁布推动了企业对于公允价值计量模式的更广泛应用。在这种模式下，投资性房地产公司可以在负债表日重新评估房地产的价值，为调整房地产账面价值提供了便利。相比之下，成本计量模式要求公司每月计提折旧费用，导致净利润下降。而公允价值计量模式下，房地产价值的变动直接影响公司的当期损益。从上述公司采用公允价值计量模式后净利润变化情况来看，利润波动较大，连续亏损后的利润增加，以及盈亏情况的变化，都受到公允价值计量评估的影响。基于公允价值计量模式，房地产公司资产负债表日房价的上升，导致公允价值变化，从而促进收益的上升，以一种间接的方式促进企业净利润的增加。房地产业发展热度高昂的背景下，投资性房地产公司采用公允计量投资模式对企业净利润的增加产生积极影响。

此外，从投资性房地产公司成长能力方面的影响来看，利润的增加是衡量投资性房地产公司成长能力的重要指标，从表6-14的数据可以看出，不同的企业利润变化幅度不同，大部分公司采用公允价值计量模式，都提升了营业利润。由于公允价值计量所产生的变动占据营业利润的比重较大，公共价值计量模式对投资性房地产公司的利润增长产生直接影响。

表6-14 采用公允价值模式的上市公司净利润变化统计

年份	平均值	个案数	标准偏差	F
2015	4212713.696364	66	3028804.6990082	
2016	11876256.043662	71	2055201.4599398	
2017	18500874.642051	78	1885487.8783793	1962.013**
2018	28162808.998824	85	4052487.3336804	
2019	42280986.518539	89	3062016.5960633	

** 在0.01级别（双尾）显著。

6.7.4 资本方面

6.7.4.1 完善资本结构

上市公司选择采用公允价值计量模式的动机之一是为了优化资本结构。当投资性房地产公司从成本计量模式转变为公允价值计量模式时，这种转变可以推动公司资本结构的改善，进而增加公司的所有者权益。这样的转变能够对公司资产进行调整，从而改善财务报表的准确性和透明度。简言之，公允价值计量模式的使用可以美化公司的财务报表，提升公司的企业形象，增强投资性房地产公司所有者偿债的信心，从而获得更多的融资机会，以更完善的资本结构适应资本市场的竞争。

6.7.4.2 提高资产价值

表 6-15 为采用公允价值计量模式的上市公司的总资产年度变化情况。

表 6-15 采用公允价值模式的上市公司总资产变化情况统计

年份	平均值	个案数	标准偏差	F
2015	3686730240.757576	66	41320126.3406465	
2016	3822833142.746479	71	38759979.5526056	
2017	3979933266.730770	78	54109741.0869009	2288.371**
2018	4148440491.505883	85	43190127.0119228	
2019	4354743374.011236	89	59084882.3274512	

** 在 0.01 水平上显著。

数据来源：根据 2015~2019 年企业年报数据加工整理。

2014 年实施企业会计准则 39 号——《公允价值计量》后，采用公允价值计量模式的投资性房地产公司数量有所增加，从上表中所统计的采用公允价值计量模式上市公司的总资产变化情况可以看出，2015~2019 年公司总资产呈现出递增趋势，并且上升幅度较大。总体而言，采用公允价值计量模式的上市公司，2015~2019 年公司总资产整体呈现递增趋势，不同公司资产总额提升的幅度不同，其中金融街和世茂股份的资产总额提升幅度最大，也最明显。

从投资性房地产公司运营能力方面的影响来看，企业的总资产是衡量投资性房地产公司运营能力的重要指标，由于房地产业属于非流动性资产，因此，对于房地产公司运营能力的评定适合以公司的总资产流动能力作为评定标准。从上文分析中得知，采用公允价值计量模式，公司的总资产呈现出整体上升趋势，公允价值对账面资产价值的提升并未直接体现出对公司资金流转能力的影响，因此公允价值对投资性房地产公司运营能力的影响无法进行直接评价。

6.7.5 股票方面

6.7.5.1 股价影响

从表6-16中上市公司股价的变化情况可以看出，投资性房地产股价变化波动较大，在资本市场发展过程中，任何事件都会直接影响公司股价的变化，而影响的直接体现就是公司的股价。公允价值变动会对投资性房地产公司的净利润额产生影响，但是公司发展过程中，其他方面的因素也会对公司的利润产生影响，因此单纯的股价变化并不受公允价值变化的直接影响，投资者主要关注房地产公司的利润变动，对股价的关注敏感度不高。

表6-16 采用公允价值模式的上市公司股价变化统计

年份	平均值	个案数	标准偏差	F
2015	6.484636	66	2.2190933	
2016	7.530845	71	2.4141730	
2017	8.710538	78	2.3889211	24.091**
2018	8.940235	85	2.2883421	
2019	11.905393	89	7.1479791	

** 在0.01水平上显著。

6.7.5.2 减持套现

公允价值计量模式的采用不受时间的限制，公司具有自主选择权，公允价值随房地产发展而改变，基于自身利益需求，房地产公司对公允价值计量模式的使用已达到提升业绩和美化报表的目的。投资者对于上市公司股份的购入，会对公司的业绩、发展能力以及偿债能力等多方面进行综合性评定，投资行房地产公司对于公允价值计量模式的选择，可以为投资者提供更完美的报表信息，促进投资者对公司股票的购置，满足自身减持套现的基本需求。

6.7.5.3 高价定增

定增是投资性房地产公司的募集投资的主要形式，投资者多为金融机构，定增的个人投资较少。金融机构对于投资性房地产公司的投资，需要综合考核。投资性房地产公司利用公允价值计量模式，在房地产价格具有优势的情况下，获得公允价值，以满足金融机构的投资考核需求，为企业获得高价定增的结果。

6.7.6 高管薪酬激励方面

高管作为公司管理的受托人，不享有公司的所有权，但是具有直接操控企业资源的权力。高管作为受托管理人，受股东管理，如果双方均追求利益最大化，直接产生的问题就是股东最大限度地压缩高管的薪资，其目的是增加公司的财富。高管作为受托人，为了实现自己的利益最大化，会尽可能扩大自身的职权范围以及延长休假。股东和高管之间矛盾突出，不利于公司的长远发展，为了处理股东和高管之间的矛盾，股东有必要对高管设置一定的股权激励机制。

虽然高管不享有公司的所有权，但是作为公司发展人力资本的核心，在公司发展过程中占据重要地位。高管人力资本具有依附性、异质性以及稀缺性的特征。所谓依附性，是指高管对个人意愿的依附，高管管理能力的高低主要依据为高管的个人意愿。高管人力资本的异质性是指在公司某一阶段的发展过程中，高管发挥边际效益递增作用，企业需要为此支付高额薪酬。高管人力资本的稀缺性是指一名优秀的高管人才的培养，需要企业和高管双重付出，因此，优秀的高管人才是非常缺乏的。基于高管人力资本的上述特征决定了股东对高管股权激励的重要性，而激励强度的设置基于高管个人的努力程度，与此同时，高管的基本特质也决定了股权激励程度设置的难度，这种情况下，企业的盈余就对高管股权激励机制的制定产生了影响。

企业的盈余情况的直接体现即为利润指标，换言之，利润指标是影响高管股权激励机制的重要因素。考虑到高管个人利益的因素，他们倾向于采用会计政策来最大化企业利润。由于股东无法完全掌握管理层的操作，他们对于会计政策的选择也没有直接控制权，这为管理层谋取更高收益提供了机会。尤其是在公允价值不断上升的情况下，管理层选择采用公允价值计量模式，可以带来更丰厚的利润，从而增加他们的个人收益。

6.8 本章小结

本章以实证研究的方法分析并检验了影响我国上市公司投资性房地产公允价值计量选择的主要因素。通过 logistic 回归和多元回归分析得出以下结论：是否使用公允价值计量模式与财务信息质量、盈亏情况、债务融资能力、资本结构、高管薪酬增长、股票价格存在显著负相关，与债务融资需求则存在显著正相关，但是与盈余管理倾向之间则不存在显著相关性。

　　验证结果表明,在上市公司中,未采用投资性房地产公允价值计量模式的企业往往在前一年的财务信息质量较差,盈亏状况较明显,债务融资需求较高且融资能力较弱,总资产增长率较低,高管薪酬增长率也较低。同时,这些企业的股价也相对较低。这使得这些企业更倾向于选择投资性房地产公允价值计量模式,即机会主义动机和提供更高质量的信息的动机均成立。同时进一步分析可知,选择公允价值计量模式后的企业财务信息质量有明显提高,企业的盈亏情况趋于良好,能满足企业的融资需求,融资能力有显著的提升,且对于企业的资产增长有明显的美化作用,并提高了高管薪酬增长率和企业的股票价格。

　　需要注意的是,本书没有找到公允价值计量与盈余管理的关系,并不意味着两者没有联系,可能是盈余管理的度量方式等研究设计的缺陷所致。

7 投资性房地产公允价值计量模式经济后果的实证分析

本章旨在通过对投资性房地产公允价值计量水平对企业各方面的影响进行实证分析，深入研究其经济后果。本章将探究投资性房地产公允价值计量水平对企业业绩、债务融资、资产结构、高管激励、盈余管理及企业价值等方面的影响。具体而言，我们将检验公允价值计量水平对企业业绩盈亏、资产负债率、长期负债率、总资产增长情况、高管激励、盈余管理及企业价值的具体作用，以验证投资性房地产公允价值计量模式是否在经济上产生显著影响。对这些方面进行深入分析，旨在为理解投资性房地产公允价值计量模式对企业经营的实际影响提供可靠的经验数据和理论支持。

7.1 理论分析与研究假设

7.1.1 理论分析

随着企业会计体系的日益成熟，公允价值计量已成为众多企业投资性房地产资产管理与核算的重要工具，对推动企业的投资性房地产估值体系改革和经济发展起到了积极的促进作用。近年来，学术界对公允价值计量越来越感兴趣，这一领域的研究日益深入。不仅如此，越来越多的国内外学者开始关注并投入这一研究领域。根据马拉（Marra A, 2016）的观点，公允价值会计与全球化和信息化经济密不可分，其重要性在未来将持续增强。尽管国外学者已对公允价值计量的经济后果进行了专门研究，但目前的研究结果存在一定的分歧和争议。与国外相比，国内关于上市企业公允价值计量经济后果的实证研究成果相对较少。除此之外，对于持保守态度的企业来说，投资性房地产公允价值计量是否对企业产生积极影响仍需进一步深入研究和探讨。随着时间的推移，我们对公允价值计量的认识和研究将不断深化，为企业决策提供更准确的理论支持和实践指导。结合公允价值计量模式的选择动因，以及大部分学者支持公允价值计量能对企业业绩、债

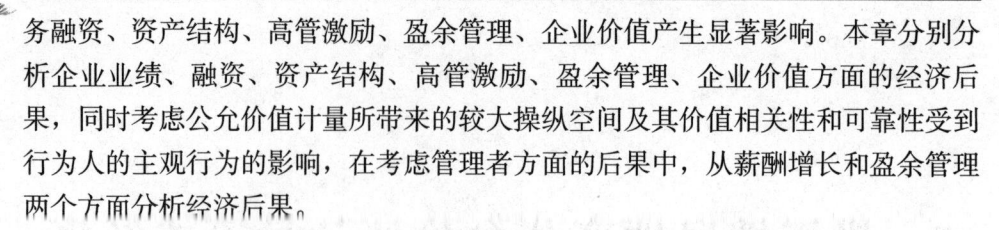

务融资、资产结构、高管激励、盈余管理、企业价值产生显著影响。本章分别分析企业业绩、融资、资产结构、高管激励、盈余管理、企业价值方面的经济后果，同时考虑公允价值计量所带来的较大操纵空间及其价值相关性和可靠性受到行为人的主观行为的影响，在考虑管理者方面的后果中，从薪酬增长和盈余管理两个方面分析经济后果。

7.1.2 研究假设

7.1.2.1 公司业绩方面

目前，大部分学者认为投资性房地产公允价值计量模式的应用会对企业的业绩产生影响，但是具体影响结果尚无定论。在法律环境健全的国家，采用国际财务报告准则（以下简称 IFRS）能够有效地降低企业成本，这一点得到了充分证实。尤其是在公允价值计量方面的有效实施，对企业的盈利能力有显著的提升作用。随着国际财务报告准则的推广和应用，越来越多的企业开始意识到其带来的潜在益处，从而积极采用公允价值计量，以期进一步提升企业的财务表现和竞争优势。然而，蒂克（Taek，2015）提出了不同的看法。他认为，公允价值会计存在一定的风险，并在某些情况下对公司的回报产生影响。他特别指出公允价值会计的风险效应与其对利润的影响呈正相关关系。此外，他还指出，风险披露的具体性加剧了公允价值计量对利润的抑制作用。由于公允价值计量所产生的变动，占据营业利润的较大比重，公共价值计量模式对投资性房地产公司的利润增长产生直接影响。在房地产业发展热度高昂的背景下，采用公允价值计量投资性房地产的公司因房地产的价格上涨而影响了企业的净利润，但是这些公司净利润的增加只是账面价值的增加，是未获得实际收益的公允价值，实际的利润波动仍然较大。因此，本书认为投资性房地产公允价值计量的使用会对企业净利润产生正向影响。部分学者也提出了公允价值计量模式的采用会提高企业利润方面的不确定性。赵彦锋（2013）认为公允价值计量模式既会带来利好的经济后果，同时也会产生负向经济效应，特别是公允价值的损益变动会引起企业业绩的大幅波动。李又寄（2015）指出采用投资性房地产公允价值计量模式后的企业，会直接引起利润的不稳定性，其投资性房地产公允价值受到市场房价的影响，在公允价值损益方面产生波动，进而使得利润产生波动。基于认为投资性房地产公允价值计量模式的使用在企业利润方面会产生有利和不利两方面影响，具体提出如下假设：

假设 H1：投资性房地产公允价值计量模式与业绩盈利呈正相关。企业计量水平越高，则企业盈利越高。

假设 H2：投资性房地产公允价值计量模式的使用程度与公司利润波动呈正相关。采用投资性房地产公允价值计量的水平越高，则企业利润波动越大。

7.1.2.2 公司债务融资方面

对于企业债务融资需求的体现，直接的衡量指标是企业的负债率，上文的分析中已经指出，持有投资性房地产的公司对于公允价值计量模式的选择，满足企业债务融资需求，而房地产行业性质的影响，使这些企业普遍具有高负债率的特点。为了应对这一情况，采用公允价值计量模式显得尤为重要。这种模式能够更准确地反映资产价值，从而为企业长期举债融资提供有力支持。《企业会计准则》明确规定，使用公允价值计量模式的企业无须计提折旧和摊销，而是将资产的公允价值与账面价值之差转化为后期的纳税成本。尽管这一做法在一定程度上增加了企业的负债，但与此同时，基于公允价值计量模式所产生的资产增值超过了负债。因此，这种方式实际上帮助企业满足了长期负债融资的需求。经过上文分析，投资性房地产采用公允价值计量模式会对企业财务报表产生美化效果，并提高其账面价值。然而，需要指出的是，成本计量模式与公允价值计量模式的选择会对投资性房地产公司的非短期债务融资能力产生不同影响。投资性房地产公允价值计量水平越高的企业，其债务融资需求不断增大，长期负债的波动性也一并增大，这就导致企业在债务融资方面发生不稳定性风险的概率增大。李又寄（2015）认为公允价值计量模式的采用会引起资产负债方面的变化，同时由于公允价值损益变动受到房地产市场房价变化的影响，其在资产负债方面的波动会大于成本模式。加之税率的影响，企业的所得税负债增加。基于此，本书认为投资性房地产公允价值计量会增强企业负债融资方面的不稳定性，因此提出以下假设：

假设 H3：投资性房地产公允价值计量水平与公司总资产负债率呈正相关。

假设 H4：投资性房地产公允价值计量水平与公司长期负债的波动程度呈正相关。投资性房地产公允价值计量水平越高，越容易诱发长期负债的波动。

7.1.2.3 总资产变动方面

鉴于公允价值计量模式的特点，我们得出结论：上市公司若选择采用此模式，则有助于促进企业资产的扩展。从投资性房地产公司总资产变动的角度分析来说，投资性房地产具有非流动资产的性质，不管是选择成本计量模式还是公允价值计量模式，都不会对公司短期内的资产产生影响，但是都可能对企业的总资产变动产生影响。巴克（Baker P. S., 2011）随机选择 30 个有形的、经营性的资产使用历史成本和公允价值计量进行估值。比率分析表明，使用历史成本措施计算的比率呈现更有利的资产利用结果，公允价值计量模式呈现的资产波动更高。基于此提出如下假设：

假设 H5：投资性房地产公允价值计量水平与公司总资产增长呈正相关。

假设 H6：投资性房地产公允价值计量水平与公司总资产增长的变动程度呈

正相关。

7.1.2.4 管理层激励和盈余行为方面

基于薪酬契约的角度，公允价值计量模式与高管薪酬之间在理论上具有紧密的联系，公允价值计量属性能够在高管薪酬的评定中发挥显著作用。当前已经采用公允价值计量模式的企业中，使用公允价值变动损益对高管薪酬进行考评，通过建立公允价值计量属性与管理者的职责履行情况的联系，通过管理者的有责任受托，实现公允价值计量在薪酬契约中的有用性。此外，唐磊（2015）指出投资性房地产公允价值后续计量的操纵空间过大，因此为管理层的盈余操作提供机会。王守海等（2020）通过分析公允价值计量层次、审计师行业专长与盈余管理的相关性，支持公允价值计量对盈余管理具有正向影响这一结论。基于此提出如下假设：

假设H7：投资性房地产公允价值计量水平与高管激励呈显著的正相关。

假设H8：投资性房地产公允价值计量水平与盈余管理呈正相关。

7.1.2.5 公司价值方面

目前，虽然学术界对于公允价值与公司股价的关系研究尚无一致的定论，部分学者认为对于自身竞争力较强的公司而言，公允价值计量模式对公司股价具有积极的作用。如对于规模比较大的企业而言，公允价值计量放大了有效财务信息对企业价值的积极作用，认为公允价值计量模式对于具有良好的会计发展基础的企业，更能促进其提高企业价值。基于此提出如下假设：

假设H9：投资性房地产公允价值计量水平对企业价值具有正向影响。

7.2 确定变量

7.2.1 自变量测量

奥尔森提出的净剩余理论，以公司的价值与其资产负债表和损益表之间的内在联系为基础，构建了一个具有统一视角的理论框架。在这一理论框架下，股票价格被看作一个因变量，而净资产的账面价值和会计收益则被视为相关的自变量。相比之下，净收益理论中，因变量是股票的盈利，而自变量是会计收益。考虑到价格模型在财务领域的广泛应用，本研究选择从价格模型的角度来探究公允价值的计量标准。具体而言，本研究采用费尔赞和奥尔森（Feltham&Ohlson，1995）提出的净收益理论，并结合王建玲（2020）关于公允价值计量水平的计算模型。运用这一模型，我们可以更准确地评估企业的公允价值水平，从而更好地理解企业的财务状况和价值。运用以下模型进行公允价值计量水平的计算：

$$GJFV_{it} = (SCJZ_{it} - QYJZ_{it})/SCJZ_{it}$$

为计算 i 公司 t 年投资性房地产的期望现值，需运用投资性房地产总价值（$SCJZ_{it}$）与年末投资性房地产净值（$QYJZ_{it}$）。通过从总价值中减去年末净值，我们可以得到相应的期望现值。此外，针对公司 i 在 t 年投资性房地产的净账面值与企业价值之间的差异（$GJFV_{it}$），当这种差异增大时，反映上市公司采用公允价值计量的程度降低，表明其公允价值计量水平下降。

7.2.2 因变量测量

业绩方面的测量：使用净利润（RP）表示企业的业绩盈利，净利润越高，说明企业的盈利越大。同时使用利润波动测量业绩波动性。恩格尔、格兰格、克拉夫特（Engle.R.F, Granger C.W.J, Kraft D, 1984）使用 ARCH 模型测量了利润波动，而南达等（Nanda S.et al, 2018）则在 ARCH 模型中引入了资产净利率指标，本书在李希特（Richter A, 2015）提出的企业利润波动具有时序性的基础上，使用修正后的总资产净利润率方差平方模型测量企业的利润波动。

$$JROA_{it} = \partial_0 + \partial_1 JROA_{it-1} + \partial_2 JROA_{it-2} + \partial_3 JROA_{it-3} + \cdots + \partial_n JROA_{it-n} + \mu_{it}$$

$$VSNP_{it} = (\mu_{it}^2)$$

JROA 表示企业总资产的净利润率，通过对资产净利润率进行自回归，得到模型的残差。对这些残差项进行平方计算，得到 VSNP，用于衡量企业的利润波动程度。VSNP 值越小，说明企业的利润波动程度越低；反之，VSNP 值越大，则说明企业的利润波动程度越高。

债务融资方面的测量：使用长期负债率（DFDF）衡量债务融资需求，长期负债率越高，则说明企业的债务融资需求越高。同时使用长期负债变动幅度衡量债务融资的波动情况。考虑企业每年的长期负债总额有递增和递减两种波动现象，本书使用长期负债变动幅度的绝对值衡量长期负债的波动性。

$$|LTLV_{it}| = |LTLC_{it}/TITL_{it}|$$

$|LTLV_{it}|$ 表示 i 企业 t 年的长期负债波动幅度绝对值，$LTLC_{it}$ 表示 i 企业 t 期的长期负债变动额，TITL 表示总长期负债值，$|LTLV_{it}|$ 越高，说明企业的企业长期负债的波动越大，债务融资的稳定性越差，企业的债务融资能力越不稳定，企业债务融资的风险水平越高。

资产方面的测量：使用总资产增长率（ECST）表示企业的资产增长情况，资产增长率越大，说明企业的总资产逐年增加。使用总资产波动幅度（VOTA）测量资产价格的波动性，考虑企业每年的总资产有增加和减少两种情况的波动，本书使用总资产波动幅度的绝对值衡量企业资产的波动性。

$$|VOTA_{it}|=|CITA_{it}/TITA_{it}|$$

$|VOTA_{it}|$ 表示 i 企业 t 年的总资产波动幅度绝对值，$CITA_{it}$ 表示 i 企业 t 年的总资产变动额，$TITA$ 表示总资产。$|VOTA_{it}|$ 越高，说明企业的企业资产的波动越大，即资产的稳定性越差，资产收益的不稳定性越强，资产的风险水平越高。

管理层的薪酬变化与盈余管理行为的测量：使用高管薪酬增长率（GREC）表示管理层的薪酬变化；基于修正后的琼斯模型计算企业盈余管理水平（EEML）。

企业价值方面的测量：使用 Tobin's Q 表示企业的价值。Tobin's Q 值越高，则说明企业价值越高。

7.3 数据来源

本研究选取了2015~2019年在A股上市的公司作为初始研究样本，这些公司在这段时期内已经采用了投资性房地产公允价值计量模式。研究数据的观测期为2015~2019年。基于下列条件剔除无效样本：① 2015~2019年公司状态为停牌、重组、终止的上市公司；② 2015~2019年相关指标缺失的公司，最终共确定380个面板数据，使用的数据均来自CSMAR数据库。

7.4 实证分析

7.4.1 公允价值计量水平对业绩的影响

以公允价值计量水平为自变量，分别以净利润与利润波动为因变量，得到公允价值计量水平度对企业业绩利润方面的影响，如表7-1所示。

表7-1 回归分析结果（一）

变量	RP 回归系数估值	t	显著性	VSNP 回归系数估值	t	显著性
常量	−12.312	−9.611	0	22.353	25.197	0
GJFV	0.736	20.001	0	0.708	16.465	0
FILE	0.111	3.02	0.003	−0.14	−3.262	0.001
MCBR	−0.023	−0.701	0.484	0	−0.003	0.998
FISI	−0.039	−1.157	0.248	0.134	3.427	0.001
R^2	0.615			0.475		
调整后 R^2	0.61			0.469		
F值	137.680（0.000）			78.015（0.000）		

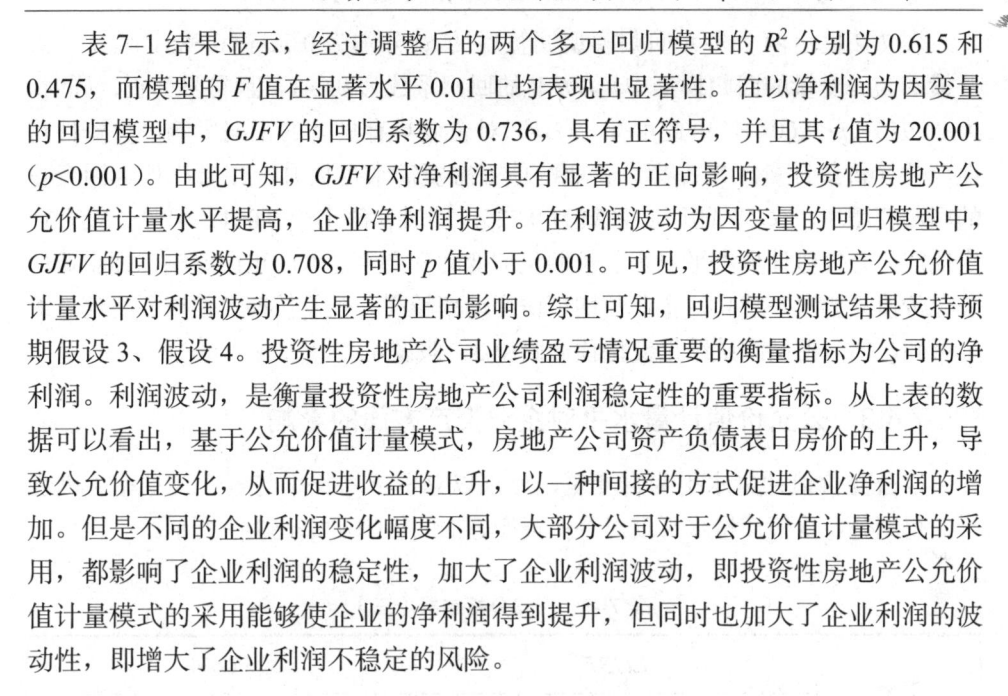

表 7-1 结果显示，经过调整后的两个多元回归模型的 R^2 分别为 0.615 和 0.475，而模型的 F 值在显著水平 0.01 上均表现出显著性。在以净利润为因变量的回归模型中，GJFV 的回归系数为 0.736，具有正符号，并且其 t 值为 20.001（$p<0.001$）。由此可知，GJFV 对净利润具有显著的正向影响，投资性房地产公允价值计量水平提高，企业净利润提升。在利润波动为因变量的回归模型中，GJFV 的回归系数为 0.708，同时 p 值小于 0.001。可见，投资性房地产公允价值计量水平对利润波动产生显著的正向影响。综上可知，回归模型测试结果支持预期假设 3、假设 4。投资性房地产公司业绩盈亏情况重要的衡量指标为公司的净利润。利润波动，是衡量投资性房地产公司利润稳定性的重要指标。从上表的数据可以看出，基于公允价值计量模式，房地产公司资产负债表日房价的上升，导致公允价值变化，从而促进收益的上升，以一种间接的方式促进企业净利润的增加。但是不同的企业利润变化幅度不同，大部分公司对于公允价值计量模式的采用，都影响了企业利润的稳定性，加大了企业利润波动，即投资性房地产公允价值计量模式的采用能够使企业的净利润得到提升，但同时也加大了企业利润的波动性，即增大了企业利润不稳定的风险。

7.4.2 公允价值计量水平对企业债务融资方面的影响

以公允价值计量水平为自变量，分别以总负债率与长期负债波动率为因变量，得到公允价值计量水平度对企业债务融资方面的影响，如表 7-2 所示。

表 7-2 回归分析结果（二）

变量	DFDF 回归系数估值	t	显著性	|LTLV| 回归系数估值	t	显著性
常量	0.664	53.493	0	−61.162	−9.418	0
GJFV	0.841	26.955	0	0.725	19.104	0
FILE	−0.016	−0.503	0.616	0.102	2.692	0.007
MCBR	−0.025	−0.892	0.373	−0.029	−0.831	0.407
FISI	0.1	3.501	0.001	−0.04	−1.164	0.245
R^2	0.723			0.59		
调整后 R^2	0.72			0.586		
F 值	275.419（0.000）			124.318（0.000）		

表 7–2 显示两个多元回归模型调整后的 R^2 分别为 0.72 和 0.586。其中，总负债率为因变量的回归模型中，GJFV 的回归系数为 0.841，且符号为正，同时 t 为 26.955（$p<0.001$）。由此可知，GJFV 对企业具有显著的正向影响，投资性房地产公允价值计量水平提高，企业的债务融资需求也提升。在 |LTLV| 为因变量的回归模型中，GJFV 的回归系数为 0.725，同时 p 值小于 0.001。可见，投资性房地产公允价值计量水平对企业长期负债变动率产生显著的正向影响，即企业的公允价值计量水平越高，企业长期负债变动率越高，企业长期负债越不稳定。综上可知，回归模型测试结果支持预期假设 3、假设 4。

7.4.3 公允价值计量水平对企业资产方面的影响

以公允价值计量水平为自变量，分别以总资产增长率与资产变动率为因变量，得到公允价值计量水平度对企业资产方面的影响，如表 7–3 所示。

表 7–3 回归分析结果（三）

变量	ECST 回归系数估值	t	显著性	|VOTA| 回归系数估值	t	显著性
常量	−11.363	−8.679	0	1.648	5.802	0
GJFV	0.726	18.633	0	0.122	2.252	0.025
FILE	0.071	1.842	0.066	−0.026	−0.477	0.634
MCBR	−0.037	−1.035	0.301	0.048	0.976	0.33
FISI	−0.032	−0.892	0.373	−0.394	−7.958	0
R^2	0.569			0.163		
调整后 R^2	0.564			0.153		
F 值	113.783（0.000）			16.776（0.000）		

表 7–3 显示两个多元回归模型调整后的 R^2 分别为 0.564 和 0.153。其中，总资产增长率为因变量的回归模型中，GJFV 的回归系数为 0.726，且符号为正，同时 t 为 18.633（$p<0.001$）。由此可知，GJFV 对总资产增长率具有显著的正向影响，投资性房地产公允价值计量水平提高，企业总资产增长率趋于正增长。在 |VOTA| 为因变量的回归模型中，GJFV 的回归系数为 0.122，同时 p 值小于 0.05。可见，投资性房地产公允价值计量水平对总资产的稳定性产生显著的负向影响。综上可知，回归模型测试结果支持预期假设 5、假设 6。

7.4.4 公允价值计量水平对企业高管激励、盈余行为的影响

以公允价值计量水平为自变量，分别以薪酬增长率与盈余管理水平为因变量，得到公允价值计量水平度对企业高管激励、盈余行为方面的影响，如表7–4所示。

表7–4 回归分析结果（四）

变量	GREC 回归系数估值	t	显著性	EEML 回归系数估值	t	显著性
常量	−6.051	−16.748	0	−1.894	−10.682	0
GJFV	0.865	33.852	0	0.772	22.223	0
FILE	0.08	3.151	0.002	0.092	2.657	0.008
MCBR	−0.017	−0.735	0.463	−0.03	−0.939	0.349
FISI	0.023	0.986	0.325	−0.039	−1.22	0.223
R^2	0.815			0.657		
调整后 R^2	0.812			0.653		
F 值	378.748（0.000）			164.928（0.000）		

根据表7–4的结果显示，经过调整后的两个多元回归模型的 R^2 分别为0.812和0.653，而模型的 F 值在显著水平0.01上均表现出显著性。其中，高管薪酬增长率为因变量的回归模型中，GJFV 的回归系数为0.865，且符号为正，同时 t 为33.852（$p<0.001$）。由此可知，GJFV 对高管薪酬增长率具有显著的正向影响，投资性房地产公允价值计量水平提高，高管薪酬增长率趋于正增长，侧面反映出当大部分采用投资性房地产公允价值计量模式的企业已经将公允价值计量属性引入高管薪酬考评机制中，这增大了高管为了获得更高的薪酬在公允价值计量中操纵的可能性。在盈余管理为因变量的回归模型中，GJFV 的回归系数为0.772，同时 p 值小于0.001。可见，投资性房地产公允价值计量水平对盈余管理水平产生显著的正向影响。综上可知，回归模型测试结果支持预期假设7、假设8。

7.4.5 公允价值计量水平对企业价值的影响

以公允价值计量水平为自变量，以企业价值为因变量，得到公允价值计量水

平度对企业价值方面的影响，如表7–5所示。

表7–5 回归分析结果（五）

变量	Tobin's Q		
	回归系数估值	t	显著性
常量	−9.686	−20.367	0
GJFV	0.898	39.266	0
FILE	0.046	1.999	0.046
MCBR	−0.006	−0.268	0.789
FISI	0.043	2.071	0.039
R^2	0.851		
调整后 R^2	0.850		
F 值	493.976（0.000）		

表7–5显示回归模型调整后的 R^2 为0.850，模型的 F 值均在0.01水平上显著。其中，投资性房地产公允价值计量水平的回归系数为0.898，且符号为正，同时 t 为39.266（$p<0.001$）。可见，投资性房地产公允价值计量水平对企业价值具有显著的正向影响，投资性房地产公允价值计量水平提高，企业价值也会提升。因此，回归模型测试结果支持预期假设9。

综上分析，通过对采用投资性房地产公允价值计量模式的企业数据分析，借助多元回归分析模型可知，投资性房地产公允价值计量水平与企业业绩、总资产增长率、资产负债率、高管薪酬增长情况、企业价值正相关，这说明投资性房地产公允价值计量模式的运用水平越高，在企业净利润、总资产增长率、资产负债率、高管薪酬增长情况、企业价值方面越会产生有利的后果。但投资性房地产公允价值计量水平与利润波动、总长期负债的变动率、总资产的变动率、盈余管理也呈正相关，这说明投资性房地产公允价值计量水平越高，越容易引起企业的利润、长期负债、总资产的波动，增强企业的盈余管理能力，揭示投资性房地产采用公允价值计量模式也可能产生不利经济影响。

7.5 稳健性检验

为了评估投资性房地产公允价值计量水平的特征，我们选择了指标作为指示变量。以投资性房地产公允价值计量水平的中位数为界限，将投资性房地产公允价值计量水平高于中位数的设定为高公允价值计量水平组，将投资性房地产公允价值计量水平低于中位数的设定为低公允价值计量水平组，基于二元逻辑回归结果，得到控制组个案数为 129，实验组为 35，而后使用独立 t 值检验法检验倾向得分后的高投资性房地产公允价值计量水平、低投资性房地产公允价值计量水平的企业的各变量差异，得到各变量均存在明显差异，如表 7–6 所示。

表 7–6　倾向得分匹配分析结果

变量	控制组	实验组	比较结果	
RP	0.534	0.401	−8.379	0
$VSNP$	32.613	31.278	−5.48	0
$DFDF$	0.876	0.87	−2.655	0.009
$|LTLV|$	0.386	0.164	−4.148	0
$ECST$	0.863	0.788	−3.034	0.003
$|VOTA|$	0.102	0.015	−5.063	0
$GREC$	0.882	0.81	−2.644	0.009
$EEML$	0.074	0.064	−3.229	0.002
$TPOS$	26.173	24.625	−3.312	0.001

为了对投资性房地产公允价值计量水平的影响模型进行内生性检验，我们采用了倾向得分匹配法。从实证结果可以看出，投资性房地产公允价值计量水平的回归模型通过内生性检验，同时投资性房地产公允价值计量水平特征组在净利润、利润波动、总负债率、长期负债变动率、总资产增长率、总资产变动率、高管薪酬增长率、盈余管理、企业价值方面存在显著差异。

7.6　本章小结

本章使用多元线性回归的方式分析投资性房地产公允价值计量模式使用后的经济后果，分析投资性房地产公允价值计量模式可产生有利的经济后果，也会带来不利的经济后果。采用投资性房地产公允价值计量模式后，企业公允价值计量水平对企业净利润的增加、负债融资能力的提升、总资产的增加、高管薪酬水平的提升以及企业价值的增加产生积极影响，但是也会提升企业的盈余管理水平，导致企业管理者的投机行为加大。同时，投资性房地产公允价值计量水平越高的企业，其利润、总资产、负债融资的波动性越大，这说明投资性房地产公允价值计量模式的采用会增大企业利润、总资产、负债融资的不稳定性。

8 研究建议

根据前文的研究可以发现，公司选择公允价值计量模式带有一定的机会主义动机，其在带来较好的经济后果的同时也会影响企业财务稳定性的基础。本章从企业内部和外部两个层面提出建议。

8.1 对企业自身的建议

8.1.1 谨慎使用投资性房地产公允价值计量模式

当前的市场发展环境和企业自身的公允价值计量体系均未完全成熟，这种情况下，盲目使用公允价值计量模式，并不适合房地产的估值和管理，甚至有可能提高企业的投资性房地产公允价值管理风险。自2007年起，公允价值计量模式就被引入我国，但是公允价值模式的使用条件具有一定的局限性，而成本模式的使用条件会更容易被广泛采纳。一方面，由于目前会计准则中还有一条规定：采用公允价值模式计量的投资性房地产，不得再转回成本模式，这就导致部分企业在选择公允价值计量模式后，即使出现不利的经济后果，也无法转回历史成本模式，因此，大部分企业考虑到自身的计量环境和能力，放弃使用公允价值计量模式。另一方面，反映了大部分企业对使用公允价值计量模式缺乏信心，企业没有十足把握能够开展好公允价值计量工作，因此认为企业仍可继续沿用已有的历史成本计量模式，结合现有的投资性房地产资产的管理，较少有企业能够最大限度地发挥公允价值计量模式的优势。与成本计量模型相比，使用公允价值计量的公司还需要制定严格的计量标准以及价值评估要求来提高企业会计信息的价值相关性和可靠性。但是目前上市企业却呈现出披露的投资性房地产公允价值较低的价值相关性和可靠性，这说明大部分企业仍未能保证公允价值的价值相关性和可靠性处于较高水平，因此在尚未完全了解公允价值计量的特性之前，应谨慎考虑更改投资性房地产价值计量模式。

同时，公允价值计量模式作为会计准则演变的新的估值模式，其对于企业发展和准则规范具有高度依赖性,因为公允价值计量模式在计量过程中的严格性。就房地产市场的发展而言,房地产一直是我国经济的重要支柱产业,其发展受到国家政策的深刻影响。为了稳定房价,2016年年底有关部门采取了一系列综合施策,涉及土地制度与供地机制、房屋租赁市场、住房信息平台、保障房供应以及财税金融五大方面,这就说明政策对企业就投资性房地产管理方面提出了更高的要求,要求企业计量的投资性房地产公允价值应当与市场价值保持高度相关性。但是目前较低的价值相关性和可靠性,使大部分企业在是否选择使用投资性房地产公允价值计量模式方面很谨慎。绝大多数持有投资性房地产的企业仍然偏向于使用成本计量模式。总体而言,考虑到公众对于投资性房地产公允价值计量模式在价值相关性和可靠性方面的不确定态度,企业在评估投资性房地产时,应当审慎权衡是否采用公允价值计量模式。这一决策涉及企业财务报告的准确性和透明度,因此需要充分考虑市场预期、法规要求和行业标准,以确保制定的会计政策符合实际情况并得到广泛认可。

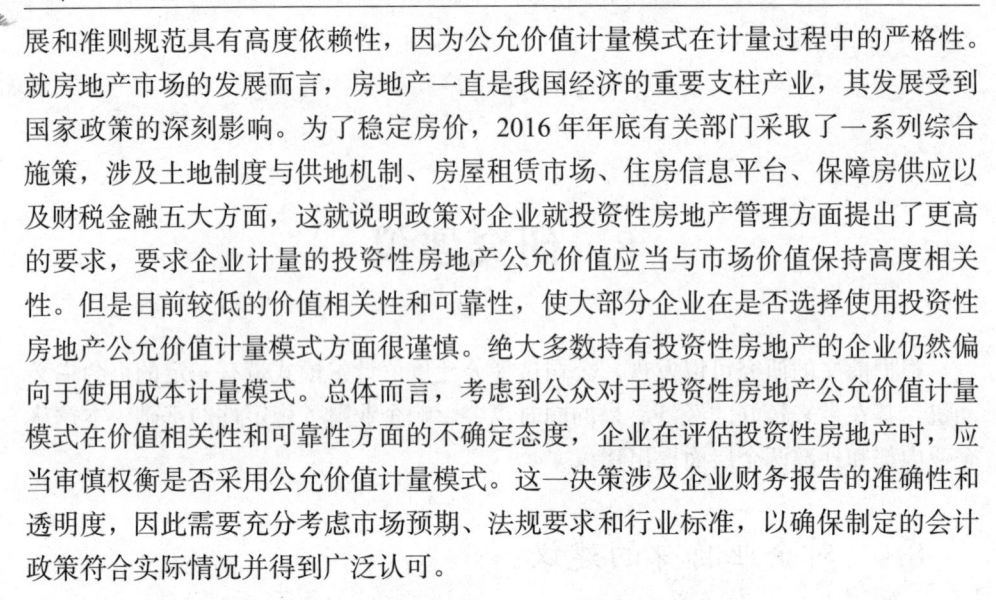

8.1.2 加强对公允价值计量模式应用条件的评估

对于未采用公允价值模式计量投资性房地产的企业而言,企业应当在对公允价值计量模式完全了解的情况下,再决定是否采用公允价值计量模式,而不是因为公允价值模式为企业带来的短期效应而选取该方式。企业应当对公允价值计量模式持严谨态度,综合评估我国的会计发展环境及会计准则发展的大环境,综合企业的各方面发展之后,充分理解当前房地产市场对公允价值的认可程度,以及随着市场的发展,公允价值计量模式是否具备更有效的发展条件,再决定是否使用公允价值计量模式。从企业会计准则可以看到,我国的相关会计规定在公允价值的具体操作层面仍缺乏详细指南,因此无法为企业的投资性房地产公允价值计量提供精确指导。考虑到目前的会计准则对于投资性房地产公允价值计量模式的规定存在一些模糊的地方,企业在执行公允价值计量时面临一系列困难。首先,准则要求公允价值计量应满足两个条件,即存在活跃的房地产交易市场以及能够取得同类或类似房地产的市场价格。然而,现行准则并没有明确规定如何判断是否存在活跃的交易市场,即是以交易金额还是交易量为标准。其次,准则要求企业能够获取同类或类似房地产的市场价格,但实际上,房地产价格受到多种因素的影响,如地理位置、面积大小、房屋朝向等,这使同一栋楼内不同房屋的价格存在差异,而准则并未对此进行具体说明。最后,在评估技术中获得公允价值时,准则未提供参照标准,不同的评估方法会导致不同的公允价值结果,进而影响公允价值计量的价值相关性和可靠性。因此,本书认为当前的会计环境并不完全适应投资性房地产公允价值计量模式的应用。

对于已经使用投资性房地产公允价值计量模式的企业，应当主动让外部审计或是评估机构对当前的投资性房地产公允价值进行定期评估，同时加强企业内部参与者对投资性房地产公允价值计量模式的认识，避免盲目追求账面财务数据和业绩、融资方面的美化，从而对企业的实际财务状况产生影响。此外，加强企业内部管理和控制机制的进一步深化对企业的内部管理和控制体系应该加强。为了增强内部监督，企业需要充分发挥董事会和监事会的作用，也要重视公司内部审计部门的作用，加强对会计部门的监督，确保及时发现问题并纠正错误，以填补管理空白，提升会计信息的准确性与可靠性。这一系列措施的目的在于防止管理层出于私利而通过会计政策的调整来美化业绩，从而降低企业管理者因追求业绩而采取机会主义行为的可能性，进而减少对投资性房地产公允价值计量模式的应用。

8.1.3 提高对公允价值计量模式的认知，规范运用行为

第一，提高对公允价值计量模式的认知。当前学术界对于公允价值计量的应用效果具有争议性，企业自身应当认识到公允价值计量模式是一把"双刃剑"，就企业自身而言，其在投资性房地产方面采用公允价值计量模式，会带入较强的主观判断，进而降低会计信息的可靠性，反而不利于企业自身的长远发展。在进行投资性房地产的公允价值计量时，往往会引发信息不对称问题，从而导致计信息的可靠性下降。投资性房地产本身具有一定的风险，在决定是否采用公允价值计量模式来评估时，企业需要考虑到相应的监管成本增加。这是因为公允价值计量模式的实施准则与以往的企业会计信息监管标准之间可能存在冲突，从而增加企业的资产监管成本。在使用公允价值计量模式时，企业必须谨慎权衡各种因素，以确保会计信息的质量和透明度。这就要求企业管理者应当积极学习投资性房地产会计实务和公允价值理论体系，在对公允价值的确定和估值技术具有深刻的认知之后，明确投资性房地产采用公允价值计量模式有利有弊，减小确定公允价值时存在的技术难度，同时缩小主观判断空间。

第二，为了保障公允价值计量模式的适当应用，需要加强内部自我约束。鉴于我国市场尚未完全成熟，当投资性房地产采用公允价值计量时，其价值信息可能无法得到有效反馈，会影响财务信息的可靠性。从长期来看，这会使投资者承担更大的风险。此外，房地产市场的频繁波动增加了不确定性因素，进一步提高了企业采用公允价值计量模式后可能出现不利后果的可能性。已经采用公允价值计量模式的企业需要加强内部控制机制，以确保财务稳健。因此，应当充分发挥董事会和监事会的作用，加大内部监管力度。与此同时，内部审计部门的重要性也不可忽视，应该加强对会计部门的监督，确保及时发现问题并纠正错误，以填

补管理漏洞，减小公允价值计量模式带来的负面影响。对于那些已经采用投资性房地产公允价值计量模式的企业而言，必须系统地规范公允价值计量的过程，并将获取投资性房地产计量信息的成本纳入合理范围。企业有义务规范投资性房地产的公允价值计量，须严格遵循企业会计准则第39号《公允价值计量》的相关规定，以减少不可观测投入和盈利的操作空间。在制定公允价值计量相关规章制度的过程中，我们须充分考虑其实用性和易懂性。同时，为了更好地实施公允价值计量会计准则，制定者应该发布更加详尽的公允价值计量应用指南，包括操作流程、规范操作方法以及责任认定规则等，以增进对公允价值计量属性的理解。此外，企业还应建立健全内部审计管理办法和流程，以完善公司的内部控制体系。

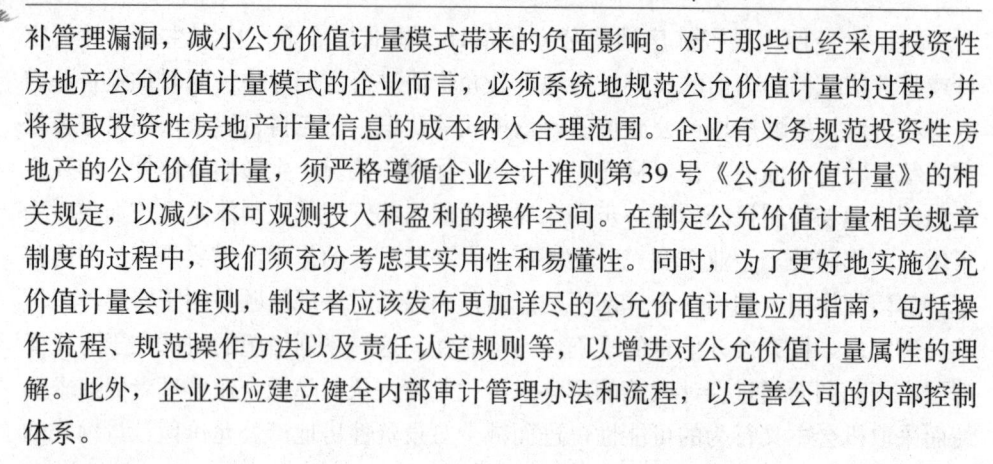

8.1.4 提高相关人员的会计素养，减少机会主义行为

企业高管是公司计量模式选取的决策者。目前大部分公司采用以业绩为导向的薪酬体系，将报酬与员工的工作表现紧密挂钩。正因如此，管理层为了提升自身薪酬而通过变更会计政策、虚增利润、美化财务报表，将增加投资者的风险，同时增加企业的信用危机。这种情况下，管理层的个人会计素养直接影响了是否基于机会主义动机选择公允价值计量模式。因此，企业应当选择具有较高执行力以及会计素养的人才作为企业的管理层。同时企业内部应当设定对管理层定期的会计管理方面的考核和评估，建立横向和纵向的内部评估和监督机制，削弱管理者的操纵空间。此外，企业财务人员是公允价值计量模式的实际执行者，财务工作人员是否具备较高的会计素养，直接影响投资性公允价值计量模式的实际经济后果。因此，企业财务工作人员应加强相关方面的学习和培训，提升实务技能和财务核算能力。同时，企业财务工作人员应严格按照会计准则第3号《投资性房地产》的规定进行核算。对于影响投资者决策的重大事项，都应遵循会计准则进行相关披露，进而减少机会主义行为。

对于已经实施公允价值计量的企业而言，在开展工作的过程中，应当重视企业自身财务会计人员的专业性，即在披露企业投资性房地产公允价值信息时，着重选择与企业经营方向、房地产发展规划、投资性房地产的资产评估相关的专业型人才，使投资者认同企业发展发布的投资性房地产公允价值信息具有专业性，进而提升公允价值的价值相关性和可靠性。同时积极引导企业财务人员关注企业的发展规划。财务工作人员应当认识到的投资性房地产资产公允价值计量与企业的综合发展之间是相互关联的，公允价值与企业的实际价值应当保持高度一致，因此在开展公允价值信息披露过程中，让员工认识到公允价值的相关财务信息与企业之间是相互关联的，进而保障公允价值与企业价值的价值相关性，才能有效提升公允价值的价值相关性，从而为公允价值信息接收者提供有效的信息支持。

8.2 基于企业外部的建议

8.2.1 加强对企业投资性房地产公允价值计量模式的监督

第一，确立针对企业投资性房地产公允价值计量模式的联动监管机制至关重要，这一机制将在确保企业财务信息真实性和市场秩序稳定方面发挥关键作用。企业在使用公允价值计量时，由于估值过程中涉及一定的主观性，因此很难完全确保估值的准确性和公正性。为了应对这种情况，财务审计和市场监管等相关部门需要建立密切配合的监管机制。这一机制的目的在于规范企业公允价值评估标准的执行，同时监督公允价值计量模式的有效实施情况，以保障投资者和市场的合法权益。对未采取投资性房地产公允价值计量模式的企业，指导其建立良好的投资性房地产估值模式，并引导企业并非要改变现有的估值模式，加强对其当前使用的投资性房地产估值模式的定期抽查，并给出书面的抽查结果，引导企业在整个市场和公允价值会计尚未成熟的环境中，谨慎选择公允价值计量模式。对于已经使用投资性房地产公允价值计量模式的企业，进行定期抽查和审核。根据新的会计准则，确定投资性房地产的公允价值需要依赖活跃市场的报价。然而，当我们无法获取市场报价时，我们将依靠对未来现金流量的预期现值进行估算，以确定其公允价值。因为未来现金流量的测算是基于预估，所以这种估算方法存在被用于操纵利润的风险。为了维护市场的公平与秩序，防止企业的不当行为，相关部门必须对投资性房地产公司实施定期抽查与考核，以确保其合规经营。

基于此，相关部门应依据2014年发布的《公允价值计量》会计准则，对采纳该计量模式的企业进行全面监督与审计，重点涵盖公允价值计量的操作流程、操作规范以及责任认定等方面。同时，证券市场监管机构可以学习借鉴先进经验，调整公允价值的合规成本，以减少企业通过操纵公允价值来提高利润的可能性。此外，还应提高惩罚和威慑力度，以遏制企业利用公允价值计量模式进行虚假盈余申报的行为。

第二，建立房地产交易信息线上监管系统。房地产市场的波动与当地经济状况和政府政策息息相关。以前，政府和开发商之间的利益紧密相连，但现在应建立开发商与客户之间直接的合作关系，而政府则扮演监管和调控的角色。为实现这一目标，需要建立一个全面的房地产信息交易平台，由政府主导，专家给予技术支持。该平台应允许用户根据地区、商业圈和房地产规模等条件进行搜索，并确保所有发布的报告都遵循统一标准。此外，各地的房产中介应该及时向该平台录入房屋交易信息，包括地理位置、成交价格、建筑面积和合同等关键信息。数据库的公开和透明，可以有效减少投资性房地产交易中的信息不对称问题，从而防止某些企业利用信息不对称性进行盈余管理并选择公允价值计量模式。同时，这也便于对已经采用公允价值计量模式的企业进行公允价值与市场价值相关性的监测。

第三，完善处罚机制。建议相关监管机构提高企业欺诈成本，实行严格的处罚措施。一手抓监管力度，一手抓惩罚强度。为了确保有效的监督，应充分履行监管机构的职能，并发挥会计师事务所等第三方机构的协同作用。为确保企业内外部监督体系的稳定性，需要建立审计、财政、税务和中介机构之间信息共享和合作机制。以增强市场信心，保障证券市场的稳健运行为目标，监管机构应强化监管措施，充分履行监管职责。除此之外，外审工作人员不仅需要在其职责范围内保持独立性、公正性和诚信度。同时，为了在审计中更准确地识别风险并降低企业通过投资性房地产公允价值计量模式进行机会主义行为的风险，审计人员需要加强对公允价值概念的理解和掌握，同时要提升自己的专业技能，特别是识别潜在风险和欺诈行为方面的能力。

8.2.2 加强对企业投资性房地产公允价值计量模式的评估

第一，加强对企业采用公允价值计量模式的评估。在国内外投资性房地产公允价值计量模式的应用和发展方面存在明显差距，国内会计准则与国际 ASB 公允价值计量准则之间存在显著差异，导致国内公允价值计量属性不够完善。这种情况下，一些企业会利用公允价值计量模式进行投机行为，以营造企业良好的业绩表现。这些投机行为在我国的会计准则中并未得到限制，为利益相关者提供了选择。因此，相关部门有必要提高评估标准，以限制企业转变计量模式的机会主义行为。具体来说，需要对投资性房地产与其他资产之间的再次转换时间进行严格限制，并且明确规定：对于同一投资性房地产标的物，如果在某一期间内将其转换为其他资产，并导致所有者权益发生显著变化，那么该标的物在未来 5 年内将不得再次转换为投资性房地产。这一规定的目的在于通过增加企业改变后续计量模式的成本，阻止企业为了进行盈余操纵而选择公允价值计量模式。

第二，设定严格的评估标准。对于许多企业而言，公允价值计量框架仍处于发展阶段，因此对其真实性和可靠性需要进行更加细致的权衡。当前我国房地产市场环境并未完全支持公允价值计量模式的广泛应用，需要进行相应调整和规范。房地产市场的活跃程度在不同地区存在显著差异，尤其是一线城市与三、四线城市之间。企业在选择公允价值模式时，应根据具体情况考虑其适用性。例如，在一线城市的房地产市场较为活跃，公允价值较易获取，但在较落后的三、四线城市，确定公允价值更加困难。此外，房地产的公允价值受多种因素影响，如朝向、采光度、大小结构等，获取准确的公允价值具有一定难度。企业若决定转变投资性房地产的计量模式，应投入大量成本以获得可靠的公允价值，这将增加采用公允价值计量模式的难度和负担。因此，对于未选择公允价值计量模式的企业，相关部门应设定评估标准，要求其披露相关的资产价值信息和估值方法以及投资性房地产的状况，且要求外部指定的审计机构对企业的投资性房地产出具相应的评估报告和资质认定以及相关说明，避免企业通过转变计量模式进行投机行为。

第三，加强对已经采用公允价值计量模式企业的评估，降低企业采取公允价值计量模式给自身和市场带来的双向公允价值管理风险。对于已经实施投资性房地产公允价值计量模式的企业，应加强对其投资性房地产公允价值的评估，细化评估标准，并在现阶段开展周期较短的定期抽查和多次评估。企业运用公允价值计量模式时，具体的评估标准主要依据企业会计准则，这要求企业对其公允价值计量的应用符合相关的会计规定。而在计量投资性房地产的公允价值时，则须同时满足两个条件：①判断市场是否活跃。通过对投资性房地产所在市场近10年的交易总额的平均水平进行评估，若房地产交易市场的年总交易额超过这一平均水平的20%，则可确定市场具备活跃性。②能够取得同类或类似房地产的市场价格。以投资性房地产所处的地理位置为准，按照同一地区的相同房地产的市场价格均价作为近似的市场价格，进一步加大外部评估师和六大审计师的监控，进而提高公允价值评估的可靠性。要求投资性房地产公允价值评估需要由外部具备审计资质的机构或公司进行评估，在投资性房地产公允价值计量过程中，同时需要考虑地理位置、面积大小、房屋朝向等因素，且要求提交的评估报告一个季度提交一次，进一步细化投资性房地产公允价值计量和评估标准，降低企业内部可操纵的可能性。

8.2.3 规范企业投资性房地产公允价值的披露

法律是约束企业信息披露行为的准则，需加强对选择公允价值计量模式的企业在公允价值信息披露方面的法规建设、监管和引导。市场经济是法治经济，只有加强法规建设，加大行业监督力度，依法治理，才能逐步提升公允价值计量模式的价值相关性和可靠性，进而提高企业公允价值计量模式的实际有效性。因此，对于采用公允价值计量模式的企业，在信息披露过程中，必须严格遵守国家法律法规的相关规定，确保信息披露的准确性和合规性。具体应由相关部门完善法律法规建设。考虑到我国会计准则使用者的专业水平参差不齐，会计准则应规定已经采用公允价值计量模式企业的公允价值披露的具体内容。政府有关部门应出台关于引导、规范公允价值信息披露的相关政策，通过标准化政策的制定调动企业披露具体且合格的公允价值信息，避免企业通过公允价值计量披露与企业的债务、营业等实际财务质量不符的信息；对公允价值信息内容、披露的公允价值管理缺项和制度漏洞尽快补齐，尤其要对现有的公允价值披露信息的配套设施不完善的企业加强监管，并对可进行公允价值计量模式的企业资质和财务人员专业性的标准进行严格管理。同时，对于已有的法规制度，要加大执行力度，严格遵守相关责任和制度，不断提高选择公允价值计量模式的企业在公允价值信息披露方面的法律意识，相关部门对企业公允价值信息披露进行监督和指导，打击虚假信息等不良披露行为。

此外，针对企业披露不真实的投资性房地产公允价值信息，进一步建立和完善惩罚机制。要求企业提供的公允价值方面的相关信息必须是完整且具体的，能够与其他实际投资性房地产高度相关。就目前的房地产房价波动而言，企业所持有的投资性房地产公允价值不会持续上升或是持续走低，其公允价值的变动应当是非稳定趋势，如果某一企业提供其所持有的投资性房地产公允价值长期稳定在某种上升或是下降的状态，结合企业所在的地区房地产市场发展情况，相关部门一旦发现不相关，则可确定该企业披露的投资性房地产公允价值信息为虚假信息，即按照相应的规定对该企业进行处罚。

8.3 本章小结

对企业来说，尚在使用成本模式而未转变为公允价值计量模式的企业应当谨慎选择公允价值计量模式，提高对公允价值计量模式的认知。已选用公允价值计量模式的企业，应持续深化运用，并加强规范化管理。同时企业应当提高财务会计人员的素质，降低财务人员的会计操纵空间。从企业的外部环境来看，国家有关部门应当加大对企业公允价值计量模式的监管力度，并严格对其进行评估。这将有助于进一步规范企业投资性房地产公允价值的披露，确保信息的准确性和透明度。

9 结论与展望

9.1 结 论

本书在深入研究现有资料的基础上，结合相关理论，系统分析了我国公允价值计量的发展历程及其与房地产市场的内在联系。同时，本书还全面总结了上市公司在投资性房地产领域应用公允价值计量模式的实际情况。本书以此为基础，对企业选择采用公允价值计量模式的动机进行了实证分析，并深入探讨了这种选择对企业经济效益的影响。研究首先利用投资性房地产在应用公允价值计量模式之前的年度数据，验证了企业选择该计量模式的影响因素。通过使用企业在采用公允价值计量模式后的统计数据，反向验证了选择动机的假设成立情况。这一研究方法旨在全面了解企业在决定是否采用公允价值计量模式时所考虑的因素，以及这种决策对企业经济绩效的实际影响。得出如下研究结论。

第一，我国公允价值的相关准则经过多次修正和完善，对上市企业投资性房地产采用公允价值计量模式有明显的指导作用。但基于我国当前的房地产市场以及企业对投资性房地产估值体系不完善，公允价值计量模式并不适合在当前环境下的投资性房地产计量方面大力推广。

第二，基于问题导向的层面，本书编制了《投资性房地产公允价值计量模式的价值相关性和可靠性的调查问卷》，使用定向随机抽样的方式，得到当前部分企业财务负责人和专业人士不认同投资性房地产公允价值计量模式的价值相关性和可靠性，部分企业财务负责人和专业人士认为投资性房地产公允价值计量模式的价值评估存在主观性，进而影响了价值相关性和可靠性，同时大部分专业人士认为企业选择公允价值计量模式的内部影响因素的作用远大于外部因素。

第三，财务信息质量、企业业绩亏损、债务融资需求、债务融资能力、高管薪酬增长率、总资产增长率、股票价格均与是否选择公允价值计量模式具有显著的相关性。企业决定采用公允价值计量模式与高层管理者为了最大化个人和企业利益而采取的机会主义行为之间存在显著相关性。

第四，实证结果表明，企业选择采用公允价值计量模式来评估投资性房地产，往往受到机会主义动机的驱使。尤其是对于那些财务信息质量较差、亏损较严重、债务融资能力不足、高管薪酬增长率较低、总资产增长率较小、股票价格较低的企业而言，它们更有可能通过公允价值计量模式来操纵投资性房地产的价值，以此来美化企业财务报表，实现个人利益最大化。回归分析结果中盈余管理程度的检验结果不显著，这可能是受到了当前投资性房地产采用公允价值计量模式的企业数量偏少的因素限制，使得管理者的盈余管理倾向这一动机不显著。

第五，在当前信息不对称的情况下，企业通过使用公允价值计量模式，财务信息质量得以改善，同时企业的业绩水平和净利润呈增长趋势。此外，企业的债务融资需求得以满足，企业的债务融资能力显著提升。同时管理者使用投资性房地产公允价值计量模式，对利润的调整力度增大，高管整体的薪酬水平增势明显，且总资产增长率快速提高，总资产的价值增值明显。可见，当前企业投资性房地产选择公允价值计量模式进而美化账面价值和提高股票价格的动机明显。

第六，投资性房地产公允价值计量水平对财务信息质量、企业盈利、债务融资需求、债务融资能力、高管激励具有显著的正向作用。投资性房地产公允价值计量水平越高的企业，其财务信息质量越高，企业亏损越低，债务融资需求越高，债务融资能力越低，在总资产增长率提升的同时，企业的价值亦相应增长，这进一步促使高管激励程度的提升。可见，企业选择投资性房地产公允价值计量模式的经济后果显著。

综合而言，企业在投资性房地产方面选择公允价值计量模式的主观机会主义行为动机明显，为了实现企业自身发展和管理层利益提升，进而选择公允价值计量模式，使企业自身和管理层自身的效用最大化，不利于降低整个市场信息不对称性，反而可能加重企业内外部信息的不对称性和企业实际利润的损失。

实证分析与后续的进一步分析结果表明，目前大部分企业出于机会主义动机在上市公司投资性房地产方面采用公允价值计量模式，以此向外界投资者和市场呈现出企业财务信息披露的质量的提高，同时迎合市场发展和外部监管。但是，在我国当前市场发展水平和公允价值计量体系尚未成熟的情况下，对于上市公司在投资性房地产方面采用公允价值计量模式并不是最理想的选择。因此，本书提出了针对企业内部和外部两个方面的建议，以解决上市公司基于机会主义动机采用公允价值计量模式的问题。在不鼓励企业尝试采用公允价值计量模式的前提下，企业内部应加深对公允价值计量模式的理解，并加强自我约束和规范。外部市场环境中，应当进一步完善会计准则规定，加强对公允价值模式运用的外部监督，设定严格的公允价值的评估标准，进一步规范企业投资性房地产公允价值计量模式运用行为。

9.2 展　望

　　由于个人能力限制，本研究在广度方面仍有待拓宽。目前国内采用公允价值计量模式的投资性房地产企业数量相对较少，这在一定程度上限制了本书在探讨投资性房地产选择采用公允价值计量模式时所能使用的数据范围。上述局限性使本书无法得到在动态发展形态下，这些动机是否能决定企业长期采用公允价值计量投资性房地产。

参考文献

[1] 财政部会计司.企业会计准则2006[M].北京：经济科学出版社，2007.

[2] 财政部会计司.企业会计准则第39号：公允价值计量[M].北京：中国财政经济出版社，2014.

[3] 曹越，伍中信.产权保护、公允价值与会计改革[J].会计研究，2009（2）：28–33.

[4] 陈鹰.投资性房地产公允价值计量模式选择[J].财经问题研究，2010（6）：68–72.

[5] 戴佳君，季晓婷，张奇峰.投资性房地产计量模式转换的财务影响与决定因素——以世茂股份为例[J].上海立信会计学院学报，2010（6）：55–60.

[6] 邓传洲.公允价值的价值相关性：B股公司的证据[J].会计研究，2005（10）：35–62.

[7] 杜兴强，雷宇，朱国泓.企业会计准则（2006）的市场反应：初步的经验证据[J].会计研究，2009（3）：18–24.

[8] 樊纲，王小鲁，朱恒鹏.中国市场化指数——各地区市场化相对进程2011年报告[M].北京：经济科学出版社，2011.

[9] 冯国滨.会计政策选择的契约理论分析[J].审计与经济研究，2004（3）：47–50.

[10] 葛家澍.关于在财务会计中采用公允价值的探讨[J].会计研究，2007（11）：3–8.

[11] 葛家澍.试评IASB/FASB联合概念框架的某些改进——截至2008年10月16日的进展[J].会计研究，2009（4）：3–11.

[12] 葛家澍，徐跃.会计计量属性的探讨——市场价格、历史成本、现行成本与公允价值[J].会计研究，2006（9）：7–14.

[13] 国际会计准则理事会制定.国际财务报告准则2004[M].北京：中国财政经济出版社，2005.

[14] 侯晓红，李刚，郭雅.市场化程度借款契约与公允价值计量选择——基于公允价值计量在投资性房地产中应用的实证研究[J].当代会计评论，2013（1）：

78–88.

[15] 胡奕明，刘奕均. 公允价值会计与市场波动 [J]. 会计研究，2012（6）：12–18.

[16] 黄霖华，曲晓辉. 证券分析师评级、投资者情绪与公允价值确认的价值相关性——来自中国 A 股上市公司可供出售金融资产的经验证据 [J]. 会计研究，2014（7）：18–27.

[17] 黄世忠. 公允价值会计：面向 21 世纪的计量模式 [J]. 会计研究，1997（12）：1–4.

[18] 黄学敏. 公允价值：理论内涵与准则运用 [J]. 会计研究，2004（6）：17–21.

[19] 贾莉莉，张鸣. 投资性房地产确认、计量、转换及影响问题研究 [J]. 上海财经大学学报，2009（12）：72–81.

[20] 贾平，陈关亭. 公允价值计量下审计质量的作用研究 [J]. 审计研究，2010（3）：59–66.

[21] 江伟，李斌. 制度环境、国有产权与银行差别贷款 [J]. 金融研究，2006（11）：116–126.

[22] 江伟，沈艺峰. 负债、资源控制与大股东剥削 [J]. 南开经济研究，2008（5）：96–110.

[23] 姜国华，张然. 稳健性与公允价值：基于股票价格反应的规范性分析 [J]. 会计研究，2007（6）：20–25.

[24] 雷光勇. 企业会计契约：动态过程与效率 [J]. 经济研究，2004（5）：98–106.

[25] 李科，徐龙炳. 融资约束、债务能力与公司业绩 [J]. 经济研究，2011（5）：61–73.

[26] 陈晨. 投资性房地产公允价值计量动因与经济后果研究 [D]. 徐州：中国矿业大学，2014.

[27] 谷玉霞. 公允价值应用的经济后果分析 [J]. 财会通讯，2011（9）：31–33.

[28] 侯晓红，郭雅. 投资性房地产公允价值计量模式选择的影响因素分析 [J]. 财会月刊，2013（2）：64–65.

[29] 李金伟. 公允价值运用的经济后果研究 [J]. 经济师，2013（9）：96–97.

[30] 李又寄. 投资性房地产公允价值后续计量模式的经济后果研究 [J]. 当代会计，2015（5）：3–4.

[31] 刘嘉. 投资性房地产公允价值计量模式选择动因研究 [D]. 天津：天津财经大学，2017.

[32] 石中美. 论会计信息相关性和可靠性的关系 [J]. 财会通讯（学术版），2006（5）：77–79.

[33] 宋家兴，王欣健，梁武全.经济环境对公允价值计量影响的研究——以上市公司投资性房地产计量属性选择为例[J].财务与会计，2012（2）：31–33.

[34] 谭梦琳.会计信息可靠性与相关性研究[J].商场现代化，2016（29）：141–142.

[35] 唐磊.新形势下公允价值在投资性房地产中的应用及影响分析[J].财经界，2015（26）：88，90.

[36] 王福胜，程富.投资性房地产公允价值计量模式选择动因实证研究[J].财经理论与实践，2014（3）：74–79.

[37] 王守海，李淑慧，徐晓彤.公允价值计量层次、审计师行业专长与盈余管理[J].审计研究，2020（5）：86–95.

[38] 徐先知.公允价值计量模式选择的经济动因及市场反应研究——基于投资性房地产计量模式的经验证据[J].商业会计，2019（15）：9–10.

[39] 张莲.投资性房地产公允价值计量的价值相关性研究[D].蚌埠：安徽财经大学，2016.

[40] 张洋.关于会计信息质量相关性和可靠性的协调研究[J].现代商业，2015（20）：216–217.

[41] 赵彦锋.公允价值计量经济后果——基于我国上市公司2007—2009年年报的分析[J].财会通讯，2013（9）：3–5.

[42] 郑晨晖.公允价值计量在我国投资性房地产中的应用研究[D].成都：西南财经大学，2013.

[43] 周晓惠.上市公司投资性房地产之公允价值计量：影响因素与经济后果[D].北京：中央财经大学，2015.

[44] Aleszczyk A, De George E T, Ertan A,et al. *Debt Financing and Balance–Sheet Collateral: Evidence from Fair-Value Adjustments*[M]. Available at SSRN ,2020.

[45] Baker P S.An Examination of Potential Changes in Ratio Measurements Historical Cost Versus Fair Value Measurement in Valuing Tangible Operational Assets[J]. *Journal of Accounting and Finance*, 2011（2）：170–176.

[46] Barth M E, Landsman W R, Wahlen J M.Fair Value Accounting：Effects on Banks' Earnings Volatility, Regulatory Capital, and Value of Contractual Cash Flows[J]. *Journal of Banking & Finance*, 1995（3–4）：577–605.

[47] Busso D.Does IFRS 13 Improve the Disclosure of the Fair Value Measurement? An Empirical Analysis of the Real Estate Sector in Europe[J]. *GSTF Journal on Business Review*（GBR），2014（4）：78–80.

[48] Carroll T J, Linsmeier T J, Petroni K R.The Reliability of Fair Value Versus

Historical Cost Information：Evidence from Closed-end Mutual Funds. Journal of Accounting[J].*Auditing Finance,* 2003（1）：1–24.

[49] Dechow P M, Myers L A, Shakespeare C.Fair Value Accounting and Gains from Asset Securitizations：A Convenient Earnings Management Tool with Compensation Side-Benefits[J]. *Journal of Accounting and Economics*,2010, 49：2–25.

[50] DeFond M, Hu J, Hung M,et al. *The Usefulness of Fair Value Accounting in Executive Compensation*[M]. Working paper, The Hong Kong University of Science and Technology, the University of Southern California, and Santa Clara University,2019.

[51] Dietrich J R, Harris M S, Muller III K A.The Reliability of Investment Property Fair Value Estimates[J]. *Journal of Accounting and Economics*, 2000, 30：125–158.

[52] Du N, McEnroe J E, Stevens K.The Joint Effects of Management Incentive and Information Precision on Perceived Reliability in Fair Value Estimates[J]. *Accounting Research Journal*,2014,30：158–160.

[53] Dudycz T, Praźników J.Does the Mark-to-Model Fair Value Measure Make Assets Impairment Noisy?[J]. *A Literature Review. Sustainability*, 2020,12（4）：1504.

[54] Eliwa Y, Haslam J, Abraham S.The Association between Earnings Quality and the Cost of Equity Capital：Evidence from the UK[J]. *International Review of Financial Analysis*, 2016(48)：125–139.

[55] Engle R F, Granger C W J, Kraft D.Combining Competing Forecasts of Inflation Using a Bivariate ARCH Model[J]. *Journal of Economic Dynamics and Control*, 1984,8（2）：151–165.

[56] Fargher N, Zhang J Z.Changes in the Measurement of Fair Value：Implications for Accounting Earnings[J]. Accounting forum. No longer Published by Elsevier, 2014, 38（3）：184–199.

[57] Fontes J C, Panaretou A, Peasnell K V.The Impact of Fair Value Measurement for Bank Assets on Information Asymmetry and the Moderating Effect of Own Credit Risk Gains and Losses[J]. *The Accounting Review*,2018, 93（6）：127–147.

[58] Hassan M S, Percy M, Stewart J.The Value Relevance of Fair Value Disclosures in Australian Firms in the Extractive Industries[J]. *Asian Academy of Management Journal of Accounting and Finance*,2006, 2（1）：41–61.

[59] Inghe D.Impact of Fair Value Measurement on the Financial Information Quality

of Enterprise Assets[J]. *Journal of Huaihai Institute of Technology*（*Humanities & Social Sciences Edition*）,2018,（1）：32.

[60] Jaffar M A, Musa R.*Factorial Validation and Measurement Model of Attitude and Intention Towards Adoption of Islamic Financing Among Non users*[M]. Contemporary Management and Science Issues in the Halal Industry. Springer, Singapore, 2019.

[61] Karapavlović N, Obradović V, Bogićević J.The Use of Historical Cost and Fair Value for Property and Plant and Equipment Measurement：Evidence from the Republic of Serbia[J]. *Economic Annals*,2020,65（227）：95–118.

[62] Quagli A, Avallone F.Fair Value or Cost Model? Drivers of Choice for IAS 40 in the Real Estate Industry[J]. *European Accounting Review*,2010, 19（3）：461–493.

[63] Richter A, Dakos V.Profit Fluctuations Signal Eroding Resilience of Natural Resources[J]. *Ecological Economics*, 2015(117)：12–21.

[64] Siekkinen J.Board Characteristics and the Value Relevance of Fair Values[J]. *Journal of Management Governance*,2017, 21（2）：435–471.

[65] Thomas Nellessen,Henning Zuelch. The Reliability of Investment Property Fair Values under IFRS[J]. *Journal of Property Investment & Finance*,2011,29（1）：98–101.

[66] Wang F,Cheng F.Motivations to Choose Fair Value Measurement Model for Investment Properties[J]. *The Theory and Practice of Finance and Economics*, 2014(3)：14.

[67] Wilson A. The Relevance and Reliability of Fair Value Measurement-The Routledge Companion to Fair Value and Financial Reporting[J]. *Routledge*, 2012,30（1）：210–223.

[68] Wu T, Fu Q, Liu X. *Effect of Fair Value Measurement Model of Investment Property on Company Financial Risks in China*[C]. International Conference on Computer Network, Electronic and Automation（ICCNEA）. IEEE, 2020：59–65.

[69] Aboody D.,M.E.Barth,R.Kasznik.Revaluations of Fixed Assets and Future Firm Performance[J]. *Journal of Accounting and Economics*，1999(26)：149–178.

[70] Ahmed A.S.,C.Takeda.Stock Market Valuation of Gains and Losses on Commercial Banks' Investment Securities：An Empirical Analysis[J].*Journal of Accounting and Economics*,1995(20)：207–225.

[71] Albornoz D., B.Gill,J.J.Alcarria.Analysis and Diagnosis of Income Smoothing in Spain[J]. *European Accounting Review*, 2003(12): 443–453.

[72] Almeida H.,M.Campello.Financial Constraints, Asset Tangibility, and Corporate Investment[R].Working Paper.New York University and University of Il- linois, 2004.

[73] Amir E.,T.S.Harris,E.K.Venuti. A Comparison of Value-Relevance of US Versus Non USGAAP Accounting Measures Using Form 20- Freconciliations[J]. *Journal of Accounting Research*,1993(31): 230–264.

[74] Astami E.,G.Tower.Accounting-Policy Choice and Firm Characteristics in the Asia Pacific Region: An International Empirical Test of Costly Contracting Theory[J]. *The International Journal of Accounting*, 2006(41): 1–21.

[75] Ball R. International Financial Reporting Standards（IFRS）: Pros and Cons for Investors[J].*Accounting and Business Research*, 2006(36): 5–27.

[76] Beatty A.,J.Weber.Accounting Discretion in Fair Value Accounting Estimates: An Examination of SFAS 142 Goodwill Impairments[J].*Journal of Accounting Research*, 2006(44): 257–287.

[77] Beatty A., J. Weber. The Effects of Debt Contracting[J].*The Accounting Review*, 2003(2): 119–142

[78] Beatty A.,K. Ramesh,J. Weber. The Importance of Accounting Changes in Debt Contracts: The Cost of Flexibility in Covenant Calculations[J].*Journal of Accounting and Economics*, 2002(33): 205–227.

[79] Beatty A.,S.Chamberlain,J.Magliolo.An Empirical Analysis of the Economic Implications of Fair Value Accounting for Investment Securities[J].*Journal of Accounting and Economics*, 1996(22): 43–77.

[80] Beatty A. The Effects of Fair Value Accounting on Investment Portfolio[J].*Review-Federal Reserve Bank of St. Louis*, 1995(77): 25–49.

[81] Beaver W.H. *Financial Reporting: An Accounting Revolution*[M].Prentice Hall,Engelwood Clliffs.NJ,1998.

[82] Beaver W.H.,J. S. Demski.The Nature of Income Measurement[J].*Accounting Review*,1979(54): 38–46.

[83] Berger A.,G.U.Dell.Collateral, Loan Quality, and Bank Risk[J].*Journal of Monetary Economics*,1990(25): 21–42.

[84] Bernanke B.,M.Gertler. Agency Costs, Net Worth, and Business Fluctuations[J]. *American Economic Review*,1989(79): 14–31.

[85] Bernard V.L.,R.C. Merton,K.G.Palepu.Mark-to-Market Accounting for Banks and Thrifts：Lesson from the Danish Experience[J].*Journal of Accounting Research*,1995(33)：1–32.

[86] Besanko D.,A.V.Thakor.Collateral and Rationing：Sorting Equilibrium in Monopolistic and Competitive Credit Markets[J].*International Economic Review*,1987(28)：671–689.

[87] Besanko D.,A.V.Thakor.Competitive Equilibrium in the Credit Market under Asymmetric Information[J].*Journal of Economic Theory*,1987(42)：167–182.

[88] Bester H.Screening vs. Rationing in Credit Markets with Imperfect Information[J]. *American Economic Review*,1985(75)：850–855.

[89] Binks M.R.,C.T.Ennew,G.Reed C.Bannock.Small Business and Banks：A two Nation Perspective Forum of Private Business,1988.

[90] Blankespoor E,T. J. Linsmeier,KR Petroni C.Shakespeare.Fair Value Accounting for Financial Instruments：Does it Improve the Association between Bank Leverage and Credit Risk?[J].*The Accounting Review*，2013(88)：1143–1177.

[91] Boot A.W.A.,A.V.Thakor,G.F. Udell. Secured Lending and Default Risk：Equilibrium Analysis, Policy Implications and Empirical Results[J].*Economic Journal*,1991(101)：458–472.

[92] Caims D.,D.Massouid,R.Taplin,A. Tarca.IFRS Fair Value Measurement and Accounting Policy choice in the United Kindom and Australia[J].*The British Accounting Review*,2011(1)：1–21.

[93] Campello M.Asset Tangibility and Corporate Performance under External Financing [R].*SSRN Working Paper*,2005.

[94] Carroll T.J.,T.J. Linsmeier,K.R.Petroni. The Reliability of Fair Value Versus Historical Cost Information：Evidence from Closed-end Mutual Funds[J].*Journal of Accounting, Auditing & Finance*,2003(18)：1–23.

[95] T.Wayne,Y.Han.Value Relevance of FAS No.157 Fair Value Hierarchy Information and the Impact of Corporate Governance Mechanisms[J].*The Accounting Review*, 2010(85)：1375–1410.

[96] Chan Y.S.,G.Kanatas.Asymmetric Valuation and the Role of Collateral in Loan Agreements[J].*Journal of Money, Credit and Banking*,1985(17)：85–95.

[97] Chen D.,M.Jian,M.Xu.Dividends for Tunneling in a Regulated Economy：The Case of China[J].*Pacific-Basin Finance Journal*,2009(17)：209–223.

附　录

附录一　访谈提纲

1. 您对当前的公允价值方面有了解吗？您怎么看待公允价值？
2. 您可以谈谈您对当前国内上市企业使用公允价值计量模式的态度吗？您又是怎么看待一些企业在投资性房地产估值上选择公允价值计量模式的？
3. 您认为企业披露的公允价值与企业价值之间的相关性怎么样？
4. 您如何看待当前企业就公允价值方面披露的信息？您觉得披露的信息能否反映企业的实际资产情况？
5. 您对企业所披露的投资性房地产公允价值能够给您在投资或是选股方面的决策提供的支持有多大？具体是怎样的一种支持？这种信息支持对您而言有效性有多大？
6. 您是否了解或是研究过企业披露的投资性房地产公允价值和企业在房地产方面的经营情况和资金流动信息方面的关系？就您个人判断，您觉得企业所披露的投资性房公允价值的真实性如何？
7. 在您看到或是研究的企业投资性房地产公允价值方面的财务信息里反映的财务内容怎么样？
8. 据您目前的了解，您所了解的有披露投资性房地产公允价值的企业，其披露的公允价值的相关信息中有没有出现重大偏差？具体是怎样的偏差或是错误？
9. 您认为有哪些因素会对企业选择公允价值计量模式产生影响？在这些影响因素里，您觉得是企业主观因素的作用大还是市场以及其他客观因素的作用大？
10. 您觉得未来在企业的投资性房地产估值方面，有多大的可能性公允价值计量模式完全替代成本计量模式？

附录二 调查问卷

您好！感谢您抽出宝贵的时间，参与这次问卷调查，本次调查是针对投资性房地产公允价值的价值相关性和可靠性的调查。我承诺您所提供的信息仅用于我的论文研究，请根据实际情况放心回答，谢谢！

第一部分 基本情况

1. 性别 [单选题]*
○男
○女
2. 目前所在单位 [填空题] (　　)*
3. 在单位的工作年限 [单选题]*
○1年及以下
○1~3年
○3~5年
○5年及以上
4. 您是否接触过投资性房地产项目 [单选题]*
○是
○否
5. 您是否支持（鼓励）企业选择投资性房地产公允价值计量模式？[单选题]*
○是
○否
6. 您对投资性房地产公允价值的熟悉程度？[单选题]*
○一点也不熟悉
○基本不熟悉
○一般
○比较熟悉
○十分熟悉

第二部分 投资性房地产公允价值的价值相关性

7. 您觉得企业披露的投资性房地产公允价值与企业实际价值的关联性如何？[单选题]*
　　□没有关联
　　□关联性比较弱
　　□一般
　　□关联性比较强
　　□关联性非常强

8. 您觉得企业披露的投资性房地产公允价值的信息内容有用性如何？[单选题]
　　□没有一点用
　　□比较没用
　　□一般
　　□比较有用
　　□非常有用

9. 您觉得企业披露的投资性房地产公允价值的信息能否满足您的需要？[单选题]*
　　□一点也不能满足
　　□比较不能满足
　　□一般
　　□比较能满足
　　□非常满足

10. 您觉得企业披露的投资性房地产公允价值信息与企业投资者决策的关联性如何？[单选题]*
　　□没有关联
　　□关联性比较弱
　　□一般
　　□关联性比较强
　　□关联性非常强

11. 您觉得企业披露的投资性房地产公允价值的信息对信息使用者做决策的支持力如何？[单选题]*

□完全无法支持

□比较不能支持

□一般

□支持程度较高

□支持程度非常高

第三部分 投资性房地产公允价值的可靠性

12. 您信任企业披露的投资性房地产公允价值的相关信息吗？

○一点也不信任

○比较不信任

○一般

○比较信任

○十分信任

13. 您做相关投资决策时会以企业披露的投资性房地产公允价值为基础吗？

○完全不会

○基本不会

○一般

○大部分时间会

○完全会

14. 您觉得企业使用公允价值计量的投资性房地产价值的真实性如何？

○一点也不真实

○比较不真实

○一般

○比较真实

○十分真实

15. 您觉得企业使用公允价值计量的投资性房地产价值是否可验证？

□一点也不能验证

□基本不能验证

□可验证性一般

□比较能验证

□可验证性很强

16. 您觉得企业使用公允价值计量的投资性房地产价值的偏差程度如何？

□偏差程度非常高
□偏差程度比较高
□一般
□比较低
□非常低

第四部分 影响因素

17. 您同意当前公允价值计量的价值相关性和可靠性受到房地产市场发展（如活跃度、规模等）的影响这一说法吗？
   □一点也不同意
   □比较不同意
   □一般
   □比较同意
   □非常同意

18. 您同意当前企业投资性房地产公允价值的价值相关性和可靠性受到的企业财务人员／资产评估者的主观影响这一说法吗？
   □一点也不同意
   □比较不同意
   □一般
   □比较同意
   □非常同意

19. 您同意当前公允价值计量的价值相关性和可靠性受到评估单位的水平影响这一说法吗？
   □一点也不同意
   □比较不同意
   □一般
   □比较同意
   □非常同意

20. 您同意当前公允价值计量的价值相关性和可靠性受到地理环境的影响这一说法吗？
   □一点也不同意
   □比较不同意

□一般
□比较同意
□非常同意

21. 您同意当前公允价值计量的价值相关性和可靠性受到房价估算方法/模型的影响这一说法吗？
　　□一点也不同意
　　□比较不同意
　　□一般
　　□比较同意
　　□非常同意

22. 您同意当前公允价值计量的价值相关性和可靠性受到企业管理层的影响这一说法吗？
　　□一点也不同意
　　□比较不同意
　　□一般
　　□比较同意
　　□非常同意